时代楷模
黄文秀的故事

林超俊 著

人民出版社
广西人民出版社

图书在版编目（CIP）数据

时代楷模黄文秀的故事 / 林超俊著. — 北京：人民出版社；南宁：广西人民出版社，2021.8
ISBN 978-7-219-11204-5

Ⅰ.①时… Ⅱ.①林… Ⅲ.①黄文秀（1989—2019）—先进事迹 Ⅳ.①K820.7

中国版本图书馆CIP数据核字（2021）第084345号

策　　划	温六零　韦鸿学
项目统筹	周　莉
责任编辑	覃结玲
责任校对	梁小琪　覃丽婷
	蒋倩华　李新楠
封面设计	李彦媛
版式设计	陈瑜雁
责任排版	梁少芳

出版发行	人民出版社
	广西人民出版社
社　　址	北京市东城区隆福寺街99号
	广西南宁市桂春路6号
邮　　编	100706
	530021
印　　刷	广西昭泰子隆彩印有限责任公司
开　　本	787mm×1092mm　1/16
印　　张	12.75
字　　数	160千字
版　　次	2021年8月　第1版
印　　次	2021年8月　第1次印刷
书　　号	ISBN 978-7-219-11204-5
定　　价	56.00元

版权所有　翻印必究

黄文秀同志研究生毕业后，放弃大城市的工作机会，毅然回到家乡，在脱贫攻坚第一线倾情投入、奉献自我，用美好青春诠释了共产党人的初心使命，谱写了新时代的青春之歌。广大党员干部和青年同志要以黄文秀同志为榜样，不忘初心、牢记使命，勇于担当、甘于奉献，在新时代的长征路上做出新的更大贡献。

——习近平总书记对黄文秀同志先进事迹作出重要指示

序

自2013年12月起，国家主席习近平已经连续8年向全国和世界人民发表新年贺词，这是美丽的"约定"，也是美好的相遇：2016年的"让几千万贫困人口生活好起来"；2017年的"撸起袖子加油干"；2018年的"幸福都是奋斗出来的"；2019年的"我们都是追梦人"……

这些话语平实而温暖，充满新气象、新希望。

习近平主席每年的新年贺词一经发布，其脍炙人口的金句就迅速走红，引发无数人的共鸣，并且成为激荡人心的奋斗旋律。

2019年12月31日晚7点，习近平主席通过中央广播电视总台和互联网发布2020年新年贺词。这一年来，哪些人和事感动了我们？我们将为谁喝彩？我们被谁感动？我们仔细聆听着习近平主席的新年贺词，他说道：

一年来，许多人和事感动着我们。一辈子深藏功名、初心不改的张富清，把青春和生命献给脱贫事业的黄文秀，为救火而捐躯的四川木里31名勇士，用自己身体保护战友的杜富国，以十一连胜夺取世界杯冠军的中国女排……许许多多无怨无悔、倾情奉献的无名英雄，他们以普通人的平凡书写了不平凡的人生。

习近平主席2020年的新年贺词中，满含深情地讲到了"把青春和生命献给脱贫事业的黄文秀"。

2020年，我国脱贫攻坚战取得了全面胜利，现行标准下9899万农村贫困人口全部脱贫，832个贫困县全部摘帽，12.8万个贫困村全部出列，区域性整体贫困得到解决，完成了消除绝对贫困的艰巨任务。打赢脱贫攻坚战，标志着中华民族在几千年历史发展上首次整体消除绝对贫困现象，实现中国人民苦苦追求的解决贫困、实现小康的伟大梦想，为全球减贫事业贡献了中国智慧和中国方案，足以载入中华民族乃至人类社会发展史册。

在脱贫攻坚工作中，数百万扶贫干部倾力奉献、苦干实干，同贫困群众想在一起、过在一起、干在一起，将最美的年华无私奉献给了脱贫事业，有的甚至将生命定格在了脱贫攻坚征程上，生动诠释了共产党人的初心使命。

获得"七一勋章"的黄文秀，就是脱贫攻坚一线挥洒汗水、忘我奉献的新时代青年党员干部的优秀代表。在她身上，生动体现了中国共产党人坚定信念、践行宗旨、拼搏奉献、廉洁奉公的高尚品质和崇高精神。她立足本职、默默奉献，她用行动证明，只要坚定理想信念、坚定奋斗意志、坚定恒心韧劲，就能够创造无愧于党、无愧于人民、无愧于时代的业绩。

黄文秀的事迹可学可做，她的精神可追可及。大力宣扬黄文秀的感人事迹和崇高品德，有助于全党全社会形成崇尚先进、见贤思齐的浓厚氛围，激励广大党员、干部牢记党的性质宗旨，牢记党的初心使命，不懈奋斗，永远奋斗，在全面建设社会主义现代化国家新征程上，向着第二个百年奋斗目标、向着中华民族伟大复兴的中国梦奋勇前进。

1989年出生、刚满30岁的黄文秀，在扶贫一线不幸遇难，生命定格在了2019年夏天的那个风雨之夜。那是怎样的一个风雨之夜？她经受了怎样的人生考验？她是个什么样的人？

请跟随我们，走进这位壮族姑娘的世界，仔细回望她的成长足迹，看看这位驻村第一书记是怎样"炼"成的……

目 录
CONTENTS

山河同悲，痛失文秀

红土地上献芳华　　　　　　　　　　003

无情的暴风雨之夜　　　　　　　　　006

壮家少年在红旗下成长

小小"刘三姐"　　　　　　　　　　013

勤学好问的女生　　　　　　　　　　019

女大学生的芬芳誓言

文秀的第一次远行　　　　　　　　　025

考研明星宿舍　　　　　　　　　　　029

文秀的入党初心　　　　　　　　　　034

那一年，文秀来到北师大　　　　　　040

那一次，文秀的毕业选择　　　　　　046

时代楷模黄文秀的故事

文秀的新长征

回到故乡	051
青春的身影	054
百坭村的路,百坭人的心	060
"春风化雨"的文秀书记	072
扶贫"新手"如何"上路"?	080

扶贫成绩与付出

贫困村的另一条产业路	093
文秀和村里的烟农	103
一封写给文秀的信	111
一坛来不及开封的庆功酒	119
文秀生命的最后三天	123
青春的生命融入百色大地	129

文秀的家风

坚强的父亲	137
被婉拒的慰问金	142

| 目 录 |

文秀的家庭　　　　　　　　　　　　　　**146**
姐姐的回忆　　　　　　　　　　　　　　**155**
良好的家风　　　　　　　　　　　　　　**160**
无锡亲人的怀念　　　　　　　　　　　　**165**

文秀，我们来了！

品尝文秀种下的果实　　　　　　　　　　**177**
代她走完扶贫"长征路"　　　　　　　　**181**
蝶之梦——唱给文秀的歌　　　　　　　　**185**

后记　　　　　　　　　　　　　　　　**190**

山河同悲,痛失文秀

有些人从山里走了,就不再回来,

你从城里回来,却再没有离开。

百色的大山,你是最美的朝霞。

脱贫的战场,你是醒目的黄花。

红土地上献芳华

像一滴水回归大海,

像一个游子扑向母亲的怀抱,

像大山里默默开放的花朵,把美丽和芳香献给大地……

2019年7月1日,正值中国共产党成立98周年之际,新华社播发了习近平总书记对黄文秀同志先进事迹作出的重要指示,习近平总书记强调:

黄文秀同志研究生毕业后,放弃大城市的工作机会,毅然回到家乡,在脱贫攻坚第一线倾情投入、奉献自我,用美好青春诠释了共产党人的初心使命,谱写了新时代的青春之歌。广大党员干部和青年同志要以黄文秀同志为榜样,不忘初心、牢记使命,勇于担当、甘于奉献,在新时代的长征路上做出新的更大贡献。

时代楷模黄文秀的故事

黄文秀的父亲黄忠杰（左）、姐姐黄爱娟（中）在"时代楷模"发布仪式现场

2019年7月1日，中宣部追授黄文秀"时代楷模"称号。2019年10月10日，中共中央追授黄文秀同志为"全国优秀共产党员"。此外，黄文秀还被授予"七一勋章""全国脱贫攻坚楷模""全国五一劳动奖章""中国青年五四奖章""全国三八红旗手""全国道德模范"等荣誉。

2019年6月23日，广西壮族自治区党委宣传部追授黄文秀"八桂楷模"称号。2019年6月24日，中共广西壮族自治区委员会追授黄文秀同志为"自治区优秀共产党员"。此外，黄文秀还被授予"广西三八红旗手""广西青年五四奖章""广西五一劳动奖章"等荣誉。

在广西百色市，黄文秀被授予"市级优秀共产党员""百色市三八红旗手"等荣誉，并被中共百色市委、百色市人民政府追记二等功。

黄文秀是一个普普通通的青年党员，是一个平平凡凡的农村干部，是一个勤勤恳恳的第一书记，但她的事迹却感人至深，在全国各地引起了强烈反响。黄文秀因公牺牲之后，她的先进事迹先后被人民日报、新华社、中央广播电视总台、广西日报、广西广播电视台等中央及省级媒体报道，在全社会引起了强烈反响。广大党员群众纷纷表示，要深入学习贯彻习近平新时代中国特色社会主义思想和党的十九大精神，增强"四个意识"、坚定"四个自信"、做到"两个维护"，深入开展"不忘初心、牢记使命"主题教育，广泛开展向黄文秀同志学习活动，以昂扬的精神状态和奋斗姿态，积极投身脱贫攻坚、决胜全面小康的伟大事业，勇做走在时代前列的奋斗者、开拓者、奉献者，在新时代的长征路上谱写新的华章，做出新的更大贡献。

深爱这片土地的人，这片土地将会给他丰厚的馈赠；为祖国事业甘洒热血的人，国家和人民将不会忘记他。这正如那首著名的诗所写的：

他活着别人就不能活的人，
他的下场可以看到；
他活着为了多数人更好地活着的人，
群众把他抬举得很高，很高。

时代楷模黄文秀的故事

无情的暴风雨之夜

突如其来的暴雨,突发的山洪,把奔走在路上的人们弄懵了。

2019年6月16日夜晚,汽车在百色山间弯曲的山路上爬行着。

开车第一次遇到这样的暴风雨之夜,文秀小心翼翼地驾驶着自己的白色小越野汽车。黑夜笼罩着山头,暴风雨拍打着她的车。

夜,越来越黑了,是那种伸手不见五指的黑。暴雨导致文秀车窗前面的视线越来越模糊了,她只能紧紧地盯着开在前面的车的尾灯,一点一点地往前挪。

这场突如其来的暴雨是她始料未及的。出门前原以为大不了就是一场大雨,反正开着车,坐在车里,雨淋不着,风吹不到,应该没有什么问题。她离开家之前收到了夜间有雨的天气预报,她担心的不是自己路上会有什么意外,而是村里被毁坏的农田和水渠。

借着闪电划破夜空的亮光,她看到前后的车排起了长队,前面的车又停了下来。趁着停车的工夫,她赶紧拿起手机,跟100公里以外的乐业县新化镇百坭村村支书周昌战和村委会主任班智华分别通了电话,询问村里的受灾情况,告诉他们自己在返回村里的路上受堵,但应该很快就可以回到村里。

又一阵电闪雷鸣,雨越来越大,文秀把雨刮调到最快速那挡,可还是没能把车子挡风玻璃上的雨刮干净。车外面的雨倾盆而下,仿佛天被捅漏了一样。车灯照到的雨柱是密集而急速的,文秀感觉到车子像是被子弹猛烈扫射一样,暴风雨拍打在车上发出哗哗的声响。

天啊!这是怎么了?文秀轻轻叹了一口气。

文秀看到前后被堵着,这里的山路弯曲又狭窄,只容得下一辆车通行。既没法往前超车,又无法往后撤退,她坐在车里心急如焚。

记得高中时读到高尔基的那篇《海燕》,文章里的海燕期盼着暴风雨到来,而且希望暴风雨来得更猛烈一些,每次读起来她都有一种痛快淋漓的感觉。可现在的她心情恰好相反,她在心里默念道:"暴风雨啊,快停下来吧!要不然将给这里的群众带来更大的灾难啊!"

文秀打开车载广播想听交通路况信息,但在深山里广播信号接收不好,除了嘈杂的声音,什么也听不清。她心想,这里发生的事情,外面也许还不了解吧!自己作为宣传部的干部,还是人民日报社、新华社、广西日报社的通讯员,应该立即把这里的情况发送出去。于是,文秀拿起手机,透过车窗拍下了现场的视频。接着,她马上将视频发给"广西云"客户端的记者,也发到了她的家族微信群。

这时,文秀看到手机上显示的时间已经是17日凌晨0点10分。她不想就这么坐在车里耗着,她想要立即回到村里,那里有受灾的群众等

着她。

"广西云"客户端的记者收到文秀的视频后,马上和她连线,虽然她的手机是可以拨通的,但却始终无人接听……

亲戚、朋友们在微信里叮嘱她要注意安全,但也没收到她的回复……

百色市凌云县山洪暴发!凌云路段塌方、河水倒灌、山体滑坡,有人失联!

广西各路记者闻讯立即连夜赶赴事故现场,及时发回准确消息,之后各方面的消息也迅速传开。第二天,焦急的人们在早间新闻和微信朋友圈里看到了这个消息:2019年6月16日晚至17日凌晨,受极端天气影响,凌云县持续降特大暴雨,受特大暴雨引发的山洪影响,凌云县下甲镇各漏屯至伶站乡弄孟屯之间的二级公路出现多处塌方、山体滑坡、路基下沉等现象。因公路水毁严重,交通中断,当晚造成公路两端300多辆车滞留,暴雨造成部分人员伤亡、失联,多个路段被冲毁……

6月18日中午时分,有记者从现场及时发回报道:据了解,这是凌云县多年来遭受的一次罕见的山洪暴发,九民水库管理房后山体滑坡,下甲镇九燕沟一民房遭遇山体滑坡,国道212伶站至弄孟屯路段因山洪暴发造成路面被严重损毁。广西壮族自治区减灾委、应急管理厅对百色市启动救灾应急响应,百色市以及凌云县立即成立抗洪救灾指挥部,市、县领导组织300余名公安

| 山河同悲，痛失文秀 |

被暴雨山洪冲毁的公路

武警消防官兵、党员干部继续搜救失联人员，百色市蓝天救援队到现场增援搜救。

截至6月19日中午12点30分，共计动员疏散群众1.2万余人，解救被困群众120余人，抢救被困车辆23余辆，转移物资一批。百色市公安局相关领导还在灾区现场组织公安民警、辅警有序开展搜救和维稳工作，相

时代楷模黄文秀的故事

关搜救工作在紧张有序地进行中……

与此同时，在乐业县新化镇百坭村村委，村干部们聚集在一起。按照文秀的通知，原定周一上午开会商量扶贫工作进展情况，可是她却迟迟不见踪影。村支书周昌战从早上起就一直拨打文秀的电话，却一直联系不上……他们觉得这位纪律严明的第一书记不会缺岗，她的突然失联必有原因。当听说凌云路段有山洪暴发，他们更加着急，担心文秀在返回途中发生什么意外，于是就沿路寻找。

在凌云路段事故现场，搜救工作人员分组紧张进行搜救，可直到中午还是看不到文秀的身影，她还处在失联状态……

6月18日下午6点，原失联的一人已找到并安全回家，所有人都以为是文秀获救了，松了一口气。

可是，那个人不是文秀！

半个多小时之后，救援人员在下游河道发现一具遗体，经过指纹比对，确认遇难者就是黄文秀。这个不幸的消息传来，村干部们失声痛哭。

村干部们记得文秀曾写下驻村日记："今天和后援单位的帮扶干部一起，到长沙屯走访贫困户。路还没有硬化，下过雨，路面泥泞有坑洼，我十分担心车子打滑。万幸，平安归来，我的车技又提升了。"

可是，文秀为什么这次不能平安归来呢？！

这样的噩耗就像刚刚结束的这场暴风雨一样，来得突然，来得迅猛，成了谁也不愿接受的现实！

壮家少年在红旗下成长

像春天的花朵，像茁壮的秧苗，你在红旗下成长；

爱唱歌，爱帮助，爱提问，你是小小"刘三姐"。

小小"刘三姐"

右江河畔,一所小学里正在举行"六一"儿童节演出。

一个穿着朴素的小女孩走到台前,接过主持人交给的话筒,一开始她还有点紧张,紧张得忘记了事先准备的自我介绍,开口就唱,但慢慢地她就唱得轻松自如了,她唱的是《刘三姐》的片段:

唱山歌,
这边唱来那边和,
那边和……
山歌好比春江水,
不怕滩险弯又多,弯又多……

可爱的笑容,甜美的嗓音,活脱脱一个小小"刘三姐"。她的表演博得了现场观众的阵阵掌声,老师和家长们交头接耳地议论:

时代楷模黄文秀的故事

青春年少时期的黄文秀

"这是谁家的孩子呀？怎么这么大方得体？"

台上唱歌的小女孩在唱完之后，认真地给大家鞠躬，然后一溜烟跑下来，扑向在舞台的旁边等候的父亲和姐姐。

她对父亲说："老爸，我刚才好紧张哦！给你这个'山歌王'丢脸咯！"

父亲竖起大拇指对女儿说："挺好的，挺好的！"

站在旁边的姐姐笑眯眯地对她说："阿秀，我听到他们都夸你是小小'刘三姐'哦！"

小女孩歪着脑袋，俏皮地说："哈哈，我们家出'刘三姐'啦！谢谢老爸！还是老爸从小教得好！"

这时，节目主持人跑过来对他们说："老师和家长们都夸文秀唱得好，希望文秀同学再上台表演一个节目。"

文秀说："报告主持人老师，我唱得还不是很好，我爸爸唱得更好。他是'山歌王'哦！我姐姐也唱得好。"

主持人说："哦！那好啊！那请你和你爸爸，还有姐姐一起上台演出。"

主持人领着他们三人一起走到台上，向观众介绍道："这位就是刚才唱《刘三姐》片段的黄文秀同学，我们邀请她和她的爸爸、姐姐一起给我们表演节目，大家掌声欢迎！"

文秀给观众们鞠躬之后

爱唱歌的黄文秀

说："刚才我太紧张了，忘记自我介绍了。我的名字叫黄文秀，是刚刚入校的一年级学生，我们是从巴别山区搬迁来到附近居住的搬迁户，我爸爸是'山歌王'，我从小就是听他的山歌长大的。这位是我的姐姐黄爱娟，我的名字就是她起的。"

台下的观众听到文秀这么一说，顿时吃惊起来，原来他们是从山里搬出来的农民家庭，于是大家都期待着这一家人会表演什么节目。

主持人问："下面你们给大家带来什么节目呀？"

文秀恭敬而期待地望着父亲。

父亲说："我们家能有今天，要感谢党和政府的关怀，所以我们就唱那首《唱支山歌给党听》吧！"

时代楷模黄文秀的故事

穿着民族服装的黄文秀

文秀和姐姐应声道："好！"

接着，三个人配合默契地唱着，台下的观众打着节拍，也跟着唱起来。动听的歌声回荡在校园里……喜爱唱歌的文秀成为师生们喜欢的小小"刘三姐"。

在小学同学覃柳丹的印象中，文秀是个爱学习、爱看书的女孩，是每天最早到达教室的同学，而且最爱坐在前排听课。放学后，文秀就会拉起她往校外的书店跑。由于家里没有钱购买书籍，文秀总会和她到广场的书店看书。文秀看的书比较多，记性又好，懂的东西很多，她凡是有问题问文秀的，文秀总是有问必答。文秀对别的同学问的问题也总是耐心解答，是班里的"智多星"。

文秀的老家在田阳县（今田阳区）巴别乡，那是田阳、田东、德保三县交界的偏远山乡。父亲到县城务工后，他们全家才搬迁到县城绢纺厂附近的村子居住，文秀和哥哥、姐姐才得以来到县城就近入学，从而彻

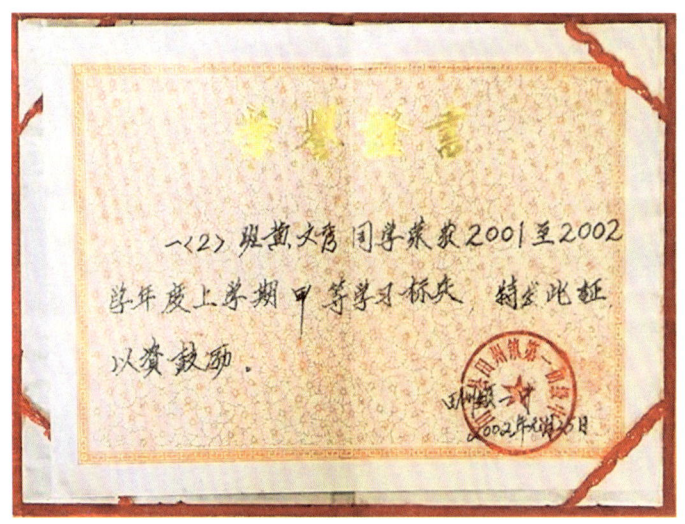

黄文秀初中时获得的学习标兵证书

底改变了他们兄妹三人的读书环境。

在文秀心里,虽然父亲只有小学文化,但他是很有眼光的,全家搬迁的这个决定,让爱读书的她来到了一个相对好的读书环境,就像春天的花朵得到了阳光、雨露的滋养,让她得以茁壮成长。她非常珍惜这样的上学机会,所以每天都早早来到教室。

有同学问文秀,为什么学习这么勤奋呀?文秀笑哈哈地唱起了《读书郎》:

小嘛小儿郎,
背着那书包上学堂,
不怕太阳晒,
也不怕那风雨狂,

时代楷模黄文秀的故事

只怕先生骂我懒呀,
没有学问哪无颜见爹娘……

看到同学们跟着哼唱,文秀接着又带头唱起了那首父亲在她小时候经常教她唱的歌曲——《壮家少年在红旗下成长》:

红艳艳的木棉在南疆开放,
壮家的少年在红旗下成长。
教室里,操场上,
好好学习,天天向上。
心儿红,身体壮,
革命重任我承当。
啊……
壮家的少年像春天的花朵,
像茁壮的秧苗,
沐浴着灿烂的阳光……

这也是文秀喜欢哼唱的歌曲之一,她觉得这首歌曲仿佛是为她谱写的一样,每一句歌词都唱出了她的心声。唱着这首歌,她仿佛就是歌里唱的"红艳艳的木棉",又像是"茁壮的秧苗",沐浴着灿烂的阳光,在美丽的壮乡,肩负着人民的重托与希望在红旗下成长。

勤学好问的女生

李品忠是文秀高中时的历史老师兼班主任。在李老师的印象中，虽然学生带了一拨又一拨，可文秀的开朗、乐观、友善、勤奋给他留下了深刻的印象。文秀很会替别人着想，是一名尽心的学习委员，这一点一直深深地刻在他的心中。

如果问文科生最怕哪一门功课，估计大多数学生的回答都是数学。文秀的数学学得如何呢？带着这个问题，我专门拜访了文秀高中时的数学老师韦刚。

韦老师坦言当时文科班的数学成绩相对较差，但文秀的数学成绩在班里算是冒尖的，所以她被选为学习委员。让韦老师印象深刻的还有，文秀不仅重视自己的学习，也很操心全班同学的成绩。

文秀对于学数学有自己的思考和见解。她认为文科生数学成绩不好的原因是缺乏信

时代楷模黄文秀的故事

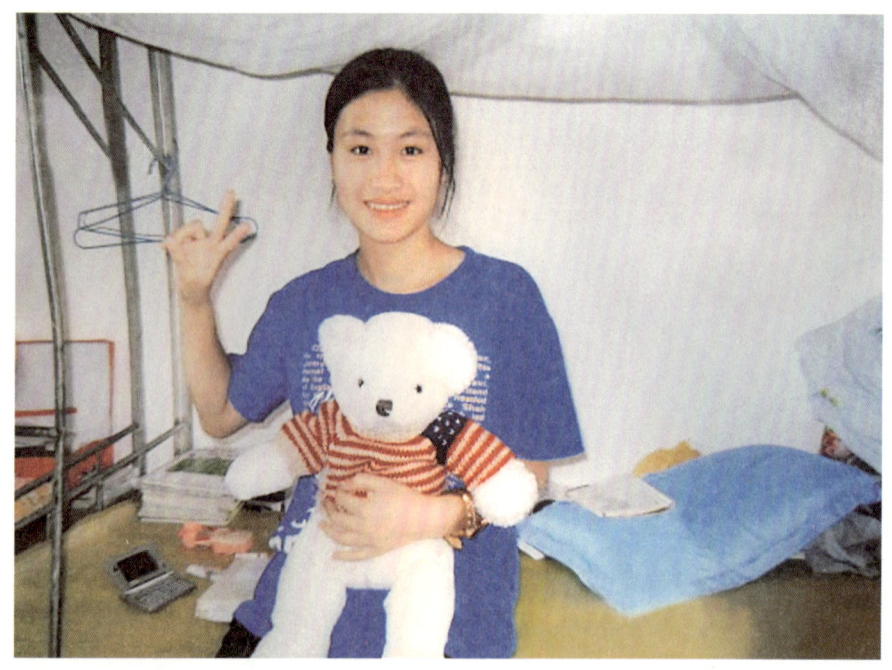

高中时的黄文秀

心,缺乏对数学的兴趣,为此她向老师提出了一些怎样提高全班的数学成绩、怎么让文科生爱上数学的建议:一是建议老师在课堂上多激发学生学习数学的兴趣,多请数学成绩优异的同学分享自己的学习方法。二是不要单一地搞题海战术,更不能单看测试分数与排名,而是有针对性地对学生进行辅导。三是让课代表收集同学们错得较多的题目,对这些题目进行分析。四是建议老师讲评试卷时让数学成绩优异的同学当"小老师",成绩好的同学与成绩差的同学结成对子"一帮一",通过这种方法提高大家的学习积极性。

　　文秀的这些建议得到老师的认同,有效地解决了长期困扰同学们学数学的难题。

韦琳老师是文秀高中时的政治老师,她是一位责任心很强的老师。文秀高中时喜欢上政治课,而且政治成绩优异,这和韦老师的引导和授课方式有很大关系。有一次,韦老师在一堂课上提出了一个论题:梦想如何化为理想?韦老师让同学们轮流讲讲自己的看法和见解。同学们谈到自己的梦想时,要么说是赚大钱,要么说是离开家乡去其他地区发展。而文秀的发言和其他人不同,她说自己是个山里的孩子,将来想回到家乡工作,把家乡建设好,提高家乡的教育水平。

高中时期的黄文秀(左一)与同学

时代楷模黄文秀的故事

黄文秀参加高中毕业十周年活动

下课后文秀还和韦老师交流，认为当地贫穷、教育不发达是因为孩子们受教育的机会少，孩子们没机会、没能力走出大山。韦老师感到很震惊，文秀这么小的年纪却有这么深的思考。

文秀在上政治课时，总是伴随着对家乡现状和未来的思考。"如何搞好民族团结实现共同繁荣？""怎样才能把贫困地区的经济搞好？"……对于这些问题，文秀下课后还会继续跟老师进行交流并寻求答案，所以韦琳老师非常喜欢文秀这个学生。后来这个学生没有辜负老师们的期望——文秀考取了长治学院的思想政治教育专业！

女大学生的芬芳誓言

你是一只美丽的蝴蝶，

舞动着金色的翅膀在城市的月光下飞舞，

却毅然回到家乡。

文秀的第一次远行

2008年是中国农历戊子鼠年，这一年的中国大事连连，是极不平凡的一年。

就在这一年，文秀家中也发生了两件大事：一是文秀大哥结婚，二是文秀考上了山西的大学！这对于革命老区田阳县的这个贫穷家庭可谓大喜事，这两件事让他们全家老少都乐坏了！就在这时，聪明的文秀看到了父母高兴表情背后隐藏的忧愁。作为一家之主的父亲黄忠杰这时发愁了，且不说文秀上大学的学费，连去山西的路费都还没影子——家里穷啊！

好在天无绝人之路，这一年他们家承包20亩荒地种植的芒果获得了大丰收，并卖出了好价钱。一车车成熟的芒果运走后，换回了一张张人民币，这些钱对于文秀一家来说是一笔可观的收入。文秀的父母平时在地里干活，渴了舍不得买一瓶矿泉水来喝，更舍不得去市场买几斤肉来犒劳自己，文秀体弱多病的母亲也舍不得去买一瓶药来吃……她的父母就是这么一分一毛地把钱积攒起来。几个月后他们仔细清点，发现自家竟然从之前揭不开锅的贫穷人家，第一次成了"万元户"，全部收入达到了1.1万元！

喜上眉梢的同时，文秀的父亲因为各方面的巨大开支，又不得不叹气：手长袖短啊！穷人的孩子早当家，从小就会替父母干活分忧的文秀看出了父亲的苦衷，她主动提出："阿爸，那我就……不去读大学了吧！"

没想到一向温和的父亲发火了："你说什么话！再穷也要读书！这个大学你考上了一定要去读！钱的事我来想办法！"

父亲就是父亲，在大是大非面前有时显得独断一些，但总能做出正确的选择，就像当初决定从偏僻的巴别乡德爱村多柳屯搬迁出来那样。他痛下决心：建房，暂缓！大儿子结婚，新事新办，节约开支！小女儿文秀上大学，刻不容缓，举全家之力支持！

饭桌上的"家庭会议"解决了家中的三大难题，大家毫无怨言，照单执行！

2008年的秋天，临行的前夜，父亲叮嘱文秀说："你第一次离开家去到北方那么远的地方，苦就苦一点吧，但要开心地去读书，学本事！"文秀心里明白，身上带的钱是家里省吃俭用挤出来的，父母为节约开支没法陪同自己远行，而自己已经19岁了，往后一切全靠自己了。文秀回应父亲说："阿爸，请放心吧，你女儿能行的！"

19岁的文秀第一次走出百色，跨过右江、邕江、湘江，北上越过长江、黄河，从红土地的百色来到黄土地的山西，成为长治学院政法系（现为思想政治教学研究部）思想政治教育专业的一名大学生。

文秀从百色田阳老家来到山西长治市，行程2000多公里，19岁的她不知不觉完成了自己人生中的第一次远行。

"山里来的姑娘，不羞涩，很大方。"文秀的同班同学这样夸赞她。文秀在课余时间会跟大家聊广西的生活环境，她自豪地向老师同学介绍说："广西的山美水美，广西人都很好客。"

文秀开朗爱笑，是个似乎永远不知疲倦和烦恼的姑娘。长治学院政法系的杨老师对这位广西来的大学生印象深刻："文秀是个懂礼貌的学生，每次远远地看到我们老师，她都会大声地打招呼。"同学小李说："她不是校园里的风云人物，但每次活动她总是第一个报名。"

黄文秀大学本科时期的学生证

刚踏进大学校门，作为一个南方来的学生，文秀对长治这座北方城市充满了好奇，后来她逐渐了解到这是一个历史悠久的地方。让文秀更感兴趣的是，这座城市和她的老家百色有一个共同之处：两地都与她崇敬的邓小平有关。

现在已经退休的长治学院原政法系党总支书记程过富，还清晰记得这个班里唯一的广西学生。他问过文秀："你的高考成绩还是不错的，可以去读更好的大学，为什么选择来长治？"文秀大大方方地回答道："报告程老师，长治市为太行山、太岳山所环绕，构成高原地形，又称'上党盆地'，我的老家百色也是盆地，称为'右江盆地'，两者地形地貌相

时代楷模黄文秀的故事

似。更重要的是，我们百色是革命老区，长治也是革命老区，都是邓小平战斗过的地方。我做梦都想来到这个地方，现在终于美梦成真了！"文秀的回答大方得体又透着自信，让老师和同学都觉得这个来自广西的小姑娘与众不同。

南方人来北方生活，多少会有些水土不服，文秀也不例外。作为一个地地道道的南方人，她喜欢吃米饭，可学校食堂以面食为主；她习惯独立的宿舍浴室，可学校只有集体共用的大澡堂。不过到后来文秀渐渐适应了大澡堂，爱上了山西面食，学校的茄子面成了她的"最佳美食"。

大学时的黄文秀

考研明星宿舍

与文秀本科同班、同宿舍、睡上下铺的秦栋艳，研究生毕业后在南京工作，回忆10年前的大学生生活，她记忆犹新。说起文秀，她无限感慨——

时光似水流年，无意间翻看手机里的照片，看到曾经和秀的合影，才意识距离那场洪水带走她已经大半年了。都说时间是最好的疗伤药，我慢慢接受了秀离开的事实，却依旧会在某个午后或黄昏，看到一张照片或听到一首歌的时候，总会不由自主地想起她。

第一次见到秀，是在2008年大学新生入学的第一天。

我拖着大大小小的包裹走进舍管阿姨安排好的301宿舍，看到一个女生也在收拾行李。她长得很漂亮，皮肤白皙，留着及腰的长发，我们简单地打了个招呼，当时她说话还带有明显

时代楷模黄文秀的故事

的广西口音,她用英语自我介绍: My name is Huang Wenxiu。

我们301住有7个女生,秀给我们起了一个昵称"七仙女"。起初,大家都有些羞涩,后来随着慢慢深入接触,对秀的了解也越来越多。她热心善良,责任心强,作为舍长的她总会安排好宿舍的各种活动,在舍友们需要帮助的时候伸出援手,帮忙打水打饭打扫卫生,用烧水壶煮鸡蛋给我们吃。秀的兴趣爱好很广泛,她喜欢写毛笔字,喜欢弹吉他,喜欢看电影,是一个不折不扣的行动派,想做什么就立刻去做去学,时不时在宿舍给我们展示,很是骄傲!勤工俭学是秀大学生活很重要的一部分,为了减轻父母的负担,学业之余她做过家教,发过传单,推销过牛奶,在咖啡厅做过服务员。尽管生活不易,可秀始终乐观对待,她很少叫苦叫累,反而是我们宿舍最风趣幽默的。她总能出其不意地讲一些有趣的笑话逗得大家捧腹大笑。我们称她为"301开心果",有她在的时候,宿舍总是笑声不断。

大学四年,我们一起参加社团活动,一起表演新年晚会节目,一起去教室,一起泡图书馆,一起去孤儿院看望那些可怜的孩子……懵懵懂懂的青春岁月里,我们一起笑过哭过。我们从陌生到熟悉,从羞涩问候的陌生人到成为无话不谈的好闺蜜,留在我心中永远不变的是秀炽热的爱心和爽朗的笑声。

临近毕业了,她作为舍长,号召宿舍全体同学备战考研。原本我是

文秀的自画像

没有这个积极性的,是她让我有了考研的想法。受她影响,我们宿舍相互帮助鼓励。考研复习期间,秀每天天没亮就出去学习,一个"考研杯"和一个"考研包"成为她的"标配"。图书馆、石凳上、路灯下……都留下了秀备考的身影。她不是在自习室就是在校园里的石凳上。她总是第一个起床,还主动为我们买早餐……后来,我们宿舍集体考研成功,成为学校的"明星宿舍"!

黄文秀练习书法的照片及其书法作品

毕业那年,我们一起出去玩,路过一条小路,秀给我们拍了很多照片。我至今记得那条小路幽静美丽,弯弯曲曲地延伸着,仿佛没有尽头……

大学毕业后我们各奔东西,开始各自的研究深造之路。大家各自忙碌着,见面的机会虽不多,但始终彼此联络着牵挂着,秀依旧是微信群里最活跃最有趣的。我们组织过几次短暂的聚会,秀来南京找我玩,我也去北京看望她。后来我们研究生毕业,再后来我们参加工作,时光如白驹过隙般流逝。

我怎么也没想到,我和宿舍的姐妹们一起来到百色,参加的却是秀的葬礼。走进殡仪馆看到秀的黑白照片被各种鲜花簇拥着的那一刻,是

时代楷模黄文秀的故事

黄文秀用来练字的字帖

黄文秀书法作品

我后来很长时间都不敢再回忆的,一股巨大的悲痛瞬间浸透全身,我脑袋仿佛被炸开,眼泪喷涌而出。我试图寻找各种理由安慰自己,终究是徒劳。

她真的离开了,我再也听不到她的笑声,收不到她的信息,等不到她的婚礼了,太多美好的期待随着她的离开而变成遗憾。

黄文秀手绘的向日葵

由于对文秀的怀念,秦栋艳写下了这些话语:

亲爱的秀,很久没有收到你的信息了,好几次梦见你回来看我,都是微笑着的。你说你一切都好,让我别难过别担心。我时常想起我们曾经很多美好的瞬间,并坚信终有一天我们会再次相遇。

秀,若有来生,我们还睡上下铺,我们还做无话不谈的好闺蜜。

秀,若有来生,希望你可以穿着漂亮的鱼尾裙,与心爱的男孩结婚生子,一辈子平淡满足。

秀,我亲爱的秀,我太想你了!

文秀的入党初心

思想政治教育专业的课程对于很多年轻人来说非常枯燥，但文秀却甘之如饴。每次下课，同学们都离开教室后，文秀还在与老师交流。入学军训刚结束，文秀便写了入党申请书，郑重地将其交给了辅导员。她在入党申请书中写道："只有把个人的追求融入党的理想之中，理想才会更远大。一个人要活得有意义，生存得有价值，就不能光为自己而活，要用自己的力量为国家、为民族、为社会做出贡献。"她每个月向组织提交思想汇报、心得体会，越来越坚定心中的信念。

这个出身农家的女孩深知，幸福是靠双手奋斗出来的。大一刚开始，文秀便利用周末或课余时间与几个家庭贫困的同学一起去勤工俭学，发传单、做家教、做销售……只要是力所能及的工作她都去尝试。她在生活中总是节衣缩食、省吃俭用，为节约路费，

| 女大学生的芬芳誓言 |

大学期间的寒暑假她很少回广西。文秀就这样把困难埋在心里，默默努力着。文秀的大学同学李琴还记得，班里开展慰问福利院的公益活动，文秀总是忙前忙后，捐物出力。她从不谈自己的困难，班里推荐贫困补助人选，她总是坚持把名额让给其他同学。一次偶然的机会，文秀得到了一个企业家的资助，才缓解了她不少经济上的困难。

向党旗宣誓的黄文秀

时代楷模黄文秀的故事

2010年，黄文秀（左二）参加长治学院青年志愿者团队

    2011年6月11日，22岁的黄文秀如愿以偿加入了中国共产党。她在鲜红的党旗下举起右手庄严宣誓："我志愿加入中国共产党……"入党当天，文秀对老师和同学表明了心迹："我从百色革命老区来到长治革命老区，时刻受到革命先烈精神的洗礼、浸润。"她诚恳地说："没有党和政府的帮扶资助，没有热心人士的捐助，我很难上完大学。我选择读思想政治教育专业，选择加入党组织，都是由衷的、无悔的。"

| 女大学生的芬芳誓言 |

黄文秀（右二）本科毕业时跟老师和同学的合影

黄文秀（右一）本科毕业时和班主任闫建华老师（右四）及同班同学合影

时代楷模黄文秀的故事

黄文秀本科毕业时在学校的留影

　　老师和同学们发现，百色和长治作为革命老区所具有的红色基因，潜移默化地熔铸了文秀坚定的信仰。毕业后，文秀用自己年轻而短暂的一生诠释了一名共产党员爱党敬业、忠诚担当的品格。

　　在大学四年的生活中，文秀一直刻苦学习，从刚入学时成绩平平，到大三时成绩进入班级前10名，再到考上北京师范大学（简称"北师大"）研究生。通过自己的努力，文秀实现了一次次跨越。

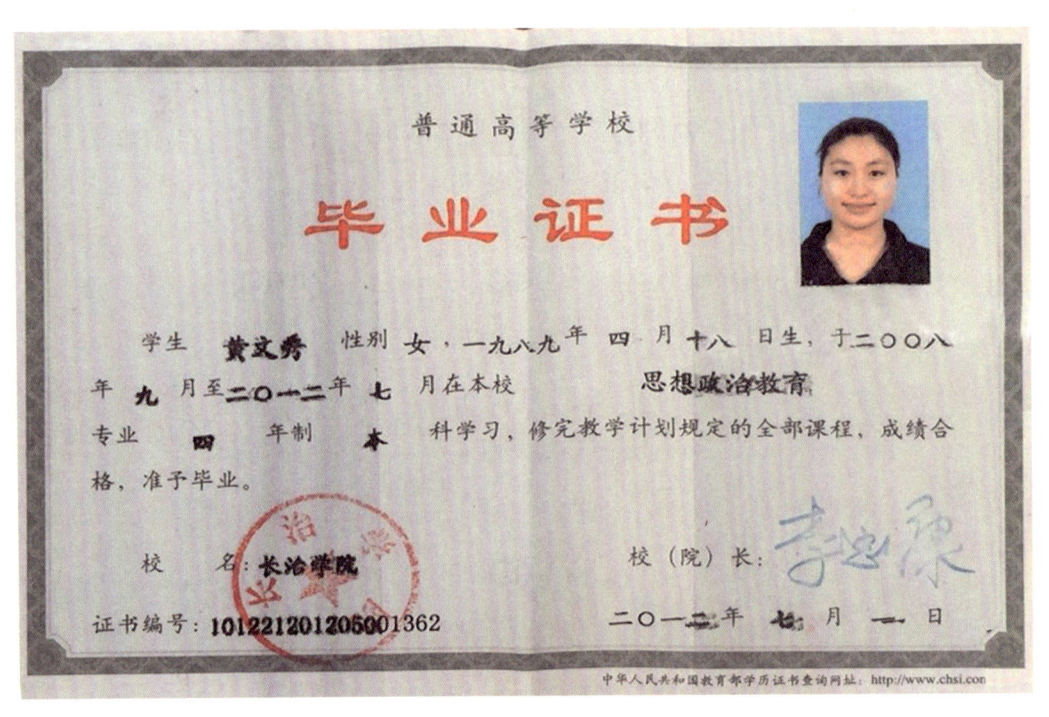

黄文秀的本科毕业证书

在这四年一千多个日日夜夜里，老师和同学对这位来自壮乡的姑娘的评价是：开朗、活泼、勤奋、坚韧。

在长治学院，文秀度过了四年的青春岁月。

在长治学院，文秀光荣加入了中国共产党。

在长治学院，文秀考取了北京师范大学研究生。

在长治学院，文秀心中深深种下了一颗报效祖国的种子！

那一年，文秀来到北师大

2013年，北京，一个初秋的早晨。

一位身材匀称的姑娘，身穿洁白的裙子，迎着北京初秋的风，拉着行李箱，高兴地来到北京市海淀区新街口外大街19号，走进北京师范大学的大门，径直来到研究生院报到。当她领到研究生的学生证时，心里无比激动，欣喜地拿着手机来了一个自拍。

这位开心的姑娘，就是刚刚考上研究生的广西籍学生——黄文秀。她来到了她一心向往的北师大！

北师大的研究生教学，如今采取的是"双向选择"制，学生根据自己的情况选择导师，学院里有硕士研究生导师资格的老师也根据自身的情况选择学生。2013年秋季开学后，学院安排了一次"双向选择"，那是导师郝海燕和文秀第一次正式见面。

这天，文秀落落大方地来到郝海燕面前，

| 女大学生的芬芳誓言 |

黄文秀参加北京师范大学2013级新生开学典礼

笑得很灿烂:"老师,我一见您就觉得很亲切,看到您我就不紧张了。"

白净、清秀、聪慧,外表柔美,性格热情爽朗,为人善良,这是文秀留给郝海燕的最初印象。

从此,她们成了师生,开始了她们亦师亦友又情同母女的缘分。

文秀第一次担任助教,是在郝教授主持的"人文教学论坛"活动中。为办好这个"人文教学讲坛",郝教授邀请了北京各高校、研究机构的人文学科方面的专家学者来北师大给刚入校的学生上通识课。

文秀按照导师的指点,首先了解计划邀请的专家学者的情况,再做出一个能反映每个专家学者特点的详尽情况介绍表,最后不厌其烦地和每位专家学者沟通确定上课的时间、地点、内容,并多次提醒、接送专家学者

时代楷模黄文秀的故事

到校上课,向他们介绍学生的情况。她的细心周到受到师生们的好评,这门课后来被评选为北师大的"优质通识课"。

有了良好的开端,第二次做助教,文秀就更有底气了。她知道郝教授承担了一门向全国开放的网络课程,需要一个帮手,就主动帮助导师。这是一项细致的活儿,需要用电脑传输文件,一遍遍地重复,文秀毫无怨言。她事先请教导师,了解网络课程各个环节的要求后,定期上传一些课程资料,及时反馈学生的学习情

黄文秀在北京师范大学运动场上的留影

况，为老师和同学搭建沟通的桥梁。临近毕业时，她把每年添加的新内容整理留档传给下届学生，并教会他们工作技巧与方法。

经过大家的努力，这门课获得了国家发展改革委颁发的"网络课程开发二等奖"。

文秀向郝教授请教，并探讨道德教育领域急需解决的三个问题："立德树人""塑造灵魂""古为今用、洋为中用"。文秀认为，在道德教育领域同样存在"古为今用、洋为中用"的问题。德育需要有宽广的国际视野，不仅需要借鉴世界各国的德育资源，而且更应该下大力气深入挖掘中国优秀传统文化以及我国56个民族传统文化中所蕴含的宝贵德育资源，以应对和有效解决德育资源开发中的妄自菲薄、盲目崇洋问题。

在北京颐和园留影的黄文秀

文秀的用心钻研，得到了郝教授的肯定。在课堂上，郝教授赞同她在课堂展示里所强调的，德育工作的关键是"人"，而对于德育工作者来说，学生的心理健康问题是关键。这个探讨，对文秀后来的下乡工作产生了良好的作用，正如郝教授所说的：

时代楷模黄文秀的故事

毕业前夕黄文秀（右一）在导师家中看望郝海燕（右二）

文秀，正如你之后在百坭村的工作中，也是把人的工作放到首位，真正做到想人民群众之所想，急人民群众之所急，心系老百姓的喜怒哀乐，切实为百姓做实事，为百姓排忧解难，全心全意为人民服务。

在郝教授的书房里，还存留着文秀的硕士毕业论文《广西壮族优秀传统文化中德育资源的开发——以传扬歌校本课程开发为例》。这篇近4万字的论文，就是紧扣"德育"和"传统文化"来展开的。看着这篇论文，郝教授眼前又浮现出文秀刻苦钻研撰写论文的情景。

文秀从不需要导师提醒、催促，而是自觉主动地去想去写。做选题时，文秀去征求郝教授的意见，郝教授鼓励她要从自己的学术兴趣中找自己最关心、最擅长的选题来做。这个建议，给了文秀启发和信心。作为一名从广西来的壮族学生，她打算从广西壮族传统文化的德育资源入手，进行剖析、研究。

毕业前夕，文秀回顾三年深造的时光，对郝教授充满了崇敬和感激，她写道：

在她身上我感受到了一名现代女性的伟大，学校的工作和家庭她都能协调得很好，在她身上我还感受到了许多作为女性的美好品格。学习上她也一直砥砺着我，受她启发，我对道德教育非常感兴趣。也是她一点点地帮助我，使我超越了表面肤浅的认识，深入到事物实质性的认知。

那一次，文秀的毕业选择

有人说，中国农村是"3亿人出走后的世界"，可文秀说"走出去之后肯定有部分要回来"。

有研究生的同学说，文秀就是那个"走出去，又坚定地回来的人"。

黄文秀（右）与导师郝海燕的合影

三年的相处，郝教授视文秀如女儿，文秀待恩师如母亲。临近毕业时，郝教授很关心文秀的毕业选择，说："以你的能力，在北京找一个好工作是没问题的。对于你的将来，你可要考虑清楚呀。"

文秀非常感谢自己的导师，她也向导师如实袒露了自己内心的想法："老师，我们北师大历来倡导'学为人师，行为世范'，从您身上我学到了很多做人的道理。我是从广西的贫困山区考出来的，我想回去，把希望带给更多的父老乡亲。"

了解自己学生的郝教授心里很清楚，文秀这孩子思考的常常和同龄学生不一样，她一直牵挂着她的家乡广西。

每当文秀和她谈起家乡广西的民俗文化、风土人情和风物特产时，那种打心底里的骄傲自豪溢于言表，而目前学校的德育课程中对这些宝贵教育资源的挖掘利用却几乎没有，文秀为此感到万分惋惜。郝教授说，

黄文秀（右一）硕士毕业时与同学的合影

时代楷模黄文秀的故事

黄文秀硕士研究生毕业时的照片

正是文秀这种对教育状况的担忧,对家乡、对民族文化的热爱,想改变现状的决心与勇气,深深地感染、打动了她。

郝教授对文秀说:"通过多次促膝谈心,我能感受到你急切想返回家乡、建设家乡、改变家乡的强烈愿望与决心。老师支持你,愿你为家乡多做贡献!"

这位从北京师范大学哲学学院思想政治教育专业毕业、取得硕士学位的高才生,于2016年7月辞别老师和同学后,选择当一名定向选调生,回到养育她的家乡——广西百色。

文秀的新长征

你来的时候惴惴，怕自己不够勇敢，

却时刻牢记党的嘱托，立下铿锵誓言：

扶贫之路，就像一条长征路，

无论多么艰难，我都会勇敢地走下去，

不获全胜，绝不收兵！

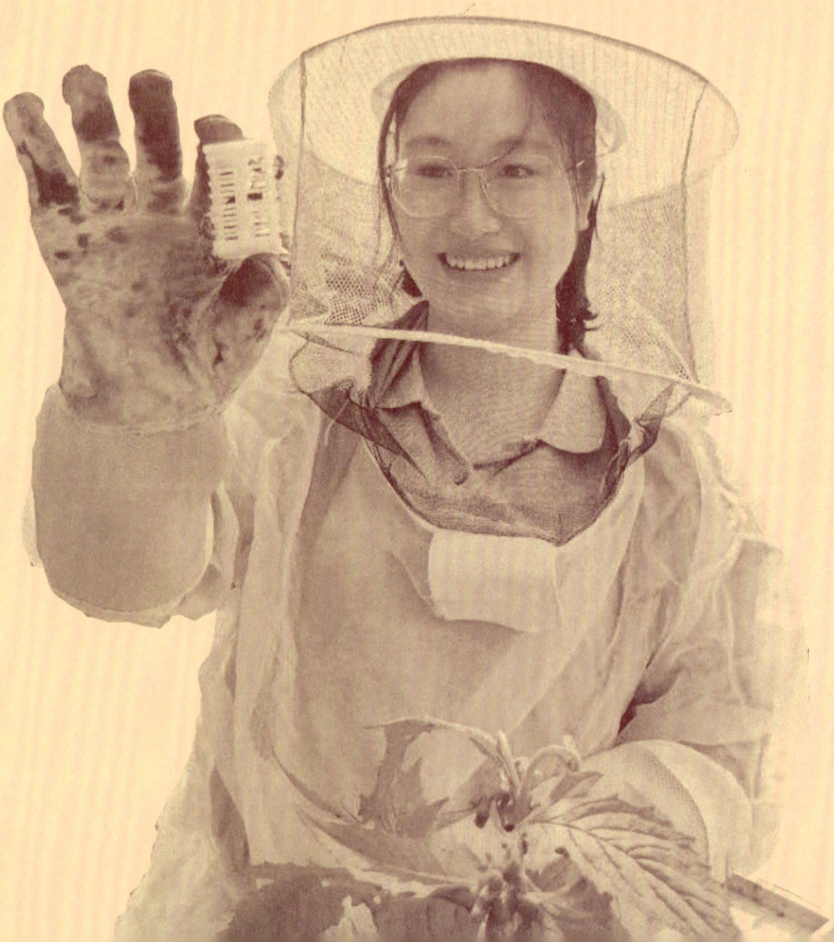

| 文秀的新长征 |

回到故乡

炎炎夏日,在从北京返回广西的列车上,文秀望着车窗外飞驰而过的景色,默念道:"再见了,北京!再见了,老师同学们!"她的心绪早就飞回到了家乡。故乡的风、故乡的

硕士毕业后回到百色的黄文秀

黄文秀证件照

云，不停地向她召唤……

高飞的大雁，总有飞回的日子；茂密的树叶，总有归根的时节。

"百色，我热恋的故土，你的女儿回来了！"文秀心里默念道。

"家乡，我亲爱的家乡，我亲爱的父老乡亲、兄弟姐妹，你们的文秀回来了！"一想到自己即将回到家乡，文秀的心里更加激动。

家乡百色，右江水泛起清波，也在热切期盼这个归来的游子。

终于回到百色了！当踏上家乡的这片红土地时，文秀的眼睛湿润了。她自从19岁第一次离开老家田阳，近8年一直在外求学，为了节省费用，她很少回家，现在她终于回到自己心心念念的故乡了。

这天一大早，文秀穿着她喜欢的白裙子，走在前往百色市委的路上，夏日的微风吹来了家乡熟悉的味道，让她更加兴奋。她落落大方地走进百色市委大院，径直来到市委宣传部报到，她领到了人生中的第一本工作证，她的身份由一名北京师范大学的研究生变成了百色市委宣传部的干部，由"同学"变成"同志"了。

百色市委宣传部的领导对她说道："文秀，从今天开始，你就是百色市委宣传部的干部了，祝贺你！欢迎你这样的高才生学成归来，投身家乡建设！你是党员，党内称同志。文秀同志，你的昨天，学业很优秀；希望你的明天，一切更加优秀！"

她把领导的话记在了随身携带的笔记本上，领导别致的欢迎词、亲切的教导，让她心里热乎乎的。

办理了入职手续，她没有忘记每个月必须主动做的事情——交纳党费，这是她参加工作后交纳的第一笔党费。

黄文秀在百色市委宣传部工作时参加培训的照片

时代楷模黄文秀的故事

青春的身影

　　文秀工作兢兢业业，得到领导和同志们的交口称赞。一年后，文秀被组织下派到乡下挂职，担任田阳县那满镇党委副书记。

　　自2017年9月至2018年3月，挂任那满镇党委副书记的文秀，分管党务、计生、新农村建设等，她深有体会地感慨道："基层工作没有'罗曼蒂克'，而是一部'钢铁是怎样炼成的'社会大书。要想成为一名合格的基层干部，首先要完成身份的转变，做好长期吃苦的准备。基层工作要求个人具备高情商，并要放低身段，如此才能做到生活融入、感情投入、工作进入。我虽然已经研究生毕业了，但应不断学习，强化自己，这样在广阔的天地才会大有可为。"

　　读万卷书容易，行万里路却不容易。文秀在工作中始终带着热爱与热情，同事们评价她是怀着一颗爱心去对待每一项工作的。

| 文秀的新长征 |

　　从此,那满镇到处活跃着文秀青春的身影。

　　文秀工作后不久,党的十九大于2017年10月18日至10月24日在北京召开。10月18日上午9时,文秀和镇里的党员干部集中收看党的十九大在人民大会堂开幕的盛况。她听了习近平总书记提出的新时代的总任务和总目标,记住了中国共产党人的初心和使命,就是为中国人民谋幸福,为中华民族谋复兴。她把"不忘初心、

黄文秀参加"2017徒步中国·全国徒步大会"百色站的活动

时代楷模黄文秀的故事

黄文秀在百色市委宣传部工作期间下乡采访时的照片

牢记使命"认真记到笔记本上,牢牢记在心里,也应用到实际工作中。

党的十九大召开后不久便是重阳节,这也是全国第五个"老年节",文秀抓住时机,从关爱老人入手,积极开展宣讲党的十九大精神活动。

勇于担当,善于总结,勤于动笔,是文秀的工作常态。就拿计生工作来说,这项工作对于熟练的老同志来

| 文秀的新长征 |

说都难以做好，可她一个未婚女青年却要去面对，可想而知她刚开始工作时的尴尬。但她协同镇计生办的同志，针对那满镇的实际情况，逐一解决问题。她还从"优生优育"的角度，关心、关爱孕妇，组织安排在全镇范围开展免费孕前优生检查。三个月后，获得了明显的成效，得到当地群众夸赞。

文秀在拿到党的十九大报告单行本后，晚上挑灯夜读，反复琢磨十九大的精神内涵，对报告中的"决胜全

黄文秀在2017年百色市布洛陀民俗文化旅游节期间进行采访

时代楷模黄文秀的故事

黄文秀在那用沟瀑布留影

面建成小康社会，夺取新时代中国特色社会主义伟大胜利""把人民对美好生活的向往作为奋斗目标""中华民族伟大复兴，绝不是轻轻松松、敲锣打鼓就能实现的"等重要论述进行研究。她在后来宣讲党的十九大精神时，对这些重要论述作了反复强调和精辟讲解。

习近平总书记指出，小康全面不全面，生态环境质量是关键。广西于2014年7月吹响了以"村屯绿化、饮水净化、道路硬化"为重点的生态乡村建设号角，推动广大农村实现美丽蜕变。

"美丽广西·清洁乡村"活动不仅让广西乡村干净整洁,山林常绿、碧水长流,田清园净、鱼欢果丰,还成为干部改变作风、服务群众的大平台,成为各族群众共享改革开放成果的大载体,成为撬动农村社会管理改革的新支点。

文秀分管那满镇的"美丽广西·清洁乡村"建设,任务艰巨。当时露美村村民刚刚解决温饱问题。清洁乡村活动启动后,文秀和村干部拿起铲子、扫把和乡亲们一起清洁环境,改造家园,实施高效节水灌溉和土地整治工程,发展芒果种植、养兔、养牛等特色产业。很快,露美村终于名副其实"露出了美丽",村容整洁,村风文明,产业兴旺,村民年人均纯收入大幅提高,成了广西"美丽广西·清结乡村"活动的标杆。

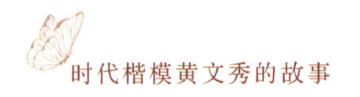

百坭村的路，百坭人的心

2018年3月，文秀刚刚结束在田阳县那满镇半年的挂职锻炼回到原单位百色市委宣传部，就听到部里同志说部里要增派干部到深度贫困村担任驻村第一书记的消息，她对照了条件要求，觉得自己非常适合，就毫不犹豫地报名了。根据她的申请，经组织审批，她被派往乐业县新化镇百坭村担任驻村第一书记。

2018年3月26日，原本只是个普普通通的日子，但对于文秀来说却有特殊意义。这是她第一次踏进被列为深度贫困村的百坭村，也是她正式就任驻村第一书记的第一天。在她看来，这是自己奔赴扶贫新长征之路的第一个脚印。

尽管做足了思想准备，但一踏入百坭村，文秀还是感到震惊：一眼望去全是高高的大山、深深的山谷，仿佛到了世界的尽头，再

| 文秀的新长征 |

黄文秀在任职驻村第一书记期间穿的工作服

往前，已无路可走了！

百坭村群众忘不了文秀第一次和他们见面的情景。

那天春风拂面，村干部和村民代表聚集一起，等待市里派来的驻村第一书记。会议开始，村支书周昌战先介绍文秀，告诉大家这位就是新来的驻村第一书记。大家这才看清楚，刚才和大家说说笑笑的"学生妹"，就是他们等待的驻村第一书记、北师大硕士研究生黄文秀。

"大家好！我是黄文秀，大家可以叫我阿秀。"她自我介绍说，"毕业之后，我主动选择回到家乡工作，希望大家多多支持我的工作。我阿秀不是来作秀的，而是真的来干活的，谢谢大家！"散发着青春的气息，十分爱笑，文文静静的模样，这就是文秀给当地群众的第一

时代楷模黄文秀的故事

印象。

文秀继续笑着说:"我初来乍到,也不会讲什么大道理,我就先给大家唱首歌吧!以前有一部老电影,叫《我们村里的年轻人》,我唱电影里面的插曲吧!"

随即她大方地唱了起来:"樱桃好吃树难栽,不下苦功花不开;幸福不会从天降,社会主义等不来……"文秀那甜美的歌声、爽朗的笑声、得体的话语和落落大方的举止,冲散了沉闷的会议气氛,会议室里顿时活跃起来,百坭村人用掌声欢迎这位"学生妹"书记。

百坭村村委所在地鸟瞰图

百坭村村委

　　文秀的到来给村民们带来了新的信息，尤其是党中央对脱贫攻坚的决心和相关政策。第一次开村委会，她介绍了全国贫困人群和贫困地区的特征与情况，让村干部根据这些特征和情况与百坭村的贫困状况作比较。文秀为了全面掌握百坭村的致贫原因和现状，决定采取土办法，对村内的贫困户开展遍访工作，认真查找问题并听取民情民意。

　　百坭村村委有两层办公楼，文秀就住在一楼的一个小单间里。这个房间狭小、简陋，也就一桌一椅一床铺，但很整洁。炎炎夏日，房间里没有电风扇，更没有空调，文秀就用一把纸扇对付。在这个房间里，摆放着文秀每天下村戴的草帽、夜巡用的手电筒、防止蚊虫叮咬的花露水，以及应对各种泥泞路况的高、中、低帮雨

时代楷模黄文秀的故事

靴和运动鞋等。

小小的房间里，有两样东西格外打动我们，透过它们我们看到了文秀对群众、对生活浓浓的爱：一样是床铺下的塑料整理箱，里面装着准备送给孤寡老人的棉被和孩子的玩具；另一样是一把吉他，每当夜晚，总有小朋友来找她，听她弹吉他并跟她学唱歌。

百坭村的村委会主任班智华是一个30岁出头的机灵能干的小伙子，是文秀在脱贫攻坚战场上的好战友。当

黄文秀（左一）和村民一起干农活

| 文秀的新长征 |

黄文秀（右一）入户调查

时代楷模黄文秀的故事

黄文秀（右一）积极与贫困户沟通交流

他讲起与文秀一起工作的点点滴滴时，曾几度哽咽："她还有个双肩包，一般都随身携带，里面装着工作手册和工作报告等材料。"

百坭村195户建档立卡贫困户分散居住在几个不同的山头，对不熟悉地形的文秀来说，要在最短时间内掌握全村贫困户的详细情况是非常困难的。一开始村民们

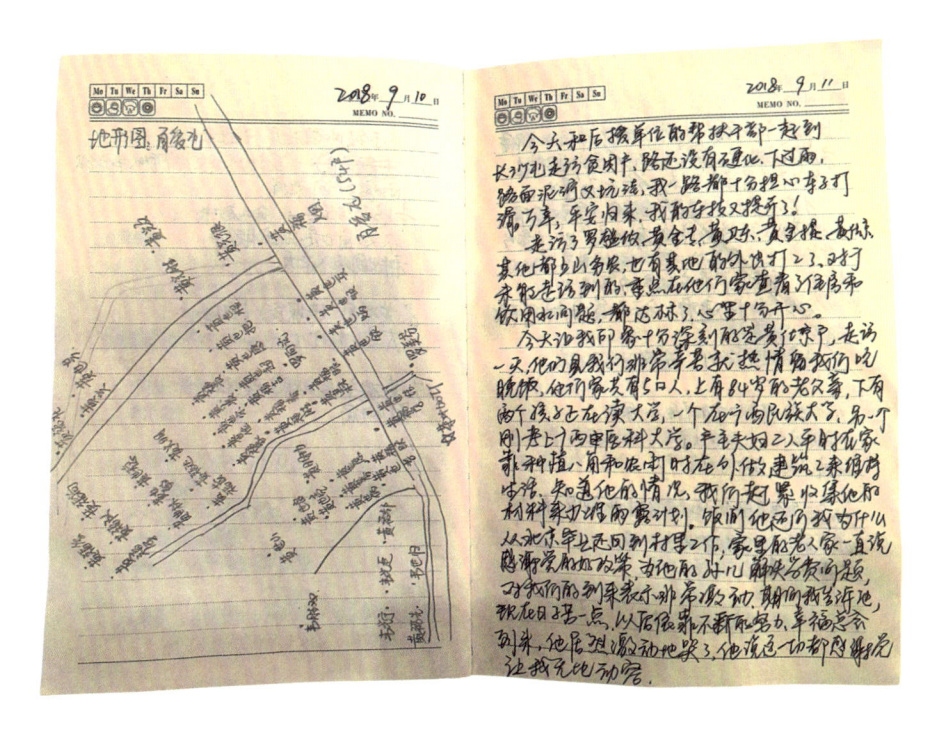

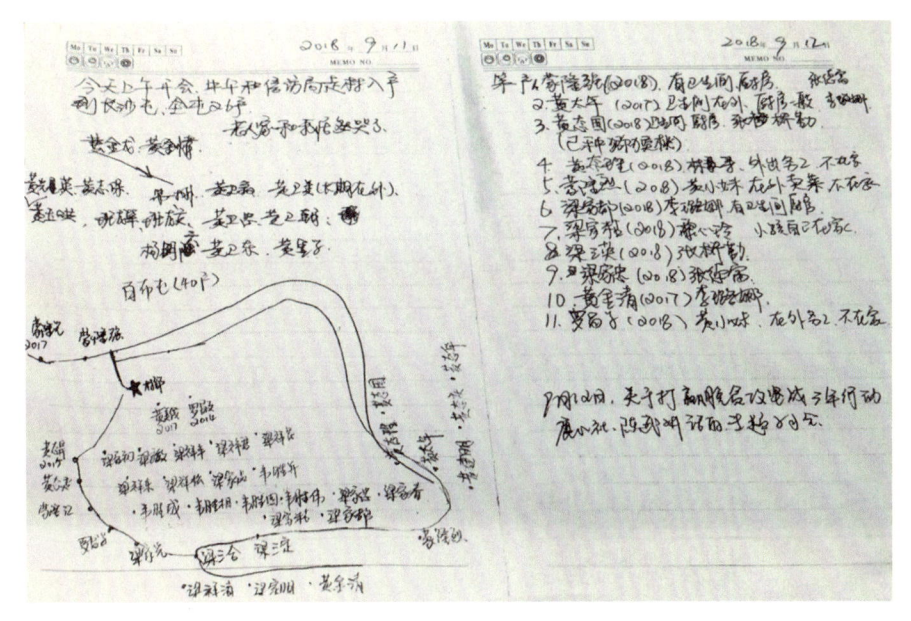

黄文秀手绘的贫困户分布图以及她写的部分驻村日记

对这个年轻的女第一书记缺乏信任，不愿配合她的工作。这对文秀来说，有些出乎意料，她感到非常委屈，但却不气馁，她不断给自己打气："有人曾说，让扶过贫的人像战争年代打过仗的人那样自豪。长征的战士死都不怕，这点困难怎么能阻止我继续前行？"

如何才能跟老百姓熟起来？经过思考，她认为：要想让老百姓愿意接近我，就得让老百姓觉得我和他们是一样的。

于是文秀改变方式，到贫困户家不再拿着笔记本问东问西，而是脱下外套帮贫困户扫院子；贫困户不让她进家门，她就去两次、三次；贫困户不在家，她就去田里帮他们摘砂糖橘、收玉米、种油茶，一边干农活一边商量脱贫计策。为了能够更好地和村民们交流，从来不会喝酒的她，甚至主动带上酒和老乡们坐在一起拉家常。时间久了，村民们跟她见得多了，便开始慢慢地接受了这位新来的驻村第一书记。

"你这个女娃娃还真是'难缠'得很哩！"气氛开始融洽了，不少贫困户还经常这样跟她开玩笑。

"驻村第一书记的工作很多，但是文秀非常认真，每个环节都很细心。我们经常开会开到很晚，有时候开到凌晨一两点，她都会把工作落实清楚才休息。"百坭村村支书周昌战深情回忆道，"因为许多村民白天不在家，所以文秀书记一般都是下午五六点钟开始入户走访。到一户家里没人，我们就走下一户，如果这家没人

| 文秀的新长征 |

再往下走,有时只能趁着人家煮饭的时候入户调查。"

百坭村妇女主任韦玉行回忆,为了尽快熟悉贫困户的情况,文秀在笔记本上绘制了贫困户分布图。自从驻村以来,文秀就一直到处跑,没闲过。当地的村庄分布比较分散,好几个屯都距离村委10公里以上,到最远的那洋屯要走13公里山路。文秀用了2个多月时间把全村跑遍了,将全村人的所有情况都掌握了,了解了村情民意,摸准了致贫原因,为进一步开展扶贫工作打下了良好的基础。

为激发贫困户脱贫内生动力,文秀还以"乡风文明红旗村"创建工作为切入点,结合百坭村实际开展了文明家庭评比、善行义举榜活动和村规民约吟诵比赛,并

黄文秀(后排左一)和北京师范大学暑期实践团师生

时代楷模黄文秀的故事

北京师范大学哲学学院哲学专业本科生党支部向百坭村支部赠书，左二为黄文秀

黄文秀（右一）组织小朋友们开展百坭村村规民约吟诵比赛

黄文秀在百坭村居住的房间

与北京师范大学哲学学院哲学专业本科生社会实践志愿队结对联建百坭村"乡村振兴,青年有为"志愿服务队,定期在百坭村内开展志愿服务活动。通过开展一系列活动,营造了百坭村团结奋进的脱贫氛围。

村里的路平了,夜晚的灯亮了,百坭村人通往小康的"路"也宽了,心中的"灯"也亮了。

文秀赢得了百坭村人的信赖,她用自己的独特方式,悄悄地走进了百坭村人的心里。

"春风化雨"的文秀书记

她像春雨，润物细无声——百坭村村支书周昌战用这个比喻来形容文秀。在他的记忆里，和文秀在一起工作时，没有发生过什么惊天动地的大事，她就像春雨，细致、温柔，而且还很及时。

文秀以百坭村为家，把村民当成自己的亲人去关心。她在村委二楼会议室建起了规范化党员活动室；她上党课时，对党中央的方针政策讲得很深透，切合百坭村实际，对党员干部拓展思路、找准方向很有帮助；她带领党员严格执行党的纪律和规定，认真开展组织生活；她还主动关心慰问"五保户"，经常掏钱接济贫困户。

文秀一边入户调查，一边思考：在这山高坡陡之地，什么样的产业可以打响全村致富的第一炮呢？为了解答这个难题，她收起漂亮的裙装，换上运动装，穿起运动鞋，风风火火地走进贫困户的家里调研。经过走访调研，她认为，百坭村的突出问题是生产生活条件差、农民增收难、集体无收入，因学致贫和因残、因病致贫占比较高。说到底，百坭村最需要的是发展。而发展，对百坭村来说应该主要抓两个方面——交通与产业。

要致富，先修路！在很多地方，早就解决的修路问题，在这个偏僻的山村还是"老大难"问题。交通是制约百坭村发展的最大瓶颈。文秀和村干部们商量后，把解决交通问题放在了首要位置。文秀了解到，百坭村群众对山上片区5个屯的通屯道路硬化问题意见较大。这5个屯在2014年已经修通通屯的沙石路有22公里长，但路面尚未硬化。由于当地雨季长、雨量多，这就暴露出沙石路的缺点，多处路段的沙石已被雨水冲刷流失，到处坑坑洼洼。每当下雨时，这些地方的路面就泥泞不堪，就连越野车都很容易深陷其中，部分路段连摩托车都无法通行，甚至有

中共乐业县信访局支部与百坭村党支部开展结对联建活动，右二为黄文秀

时代楷模黄文秀的故事

黄文秀（左）和同事在党群服务中心前合影

些路段因泥石流、滑坡等出现垮塌现象。这不仅影响了附近群众的交通出行，使很多孩子无法上学，也限制了全村的产业发展。

对于这些路段，文秀认为，必须要让它们实现通达畅行，甚至形成产业路。为此她千方百计向上级争取硬化路面的资金，以尽早完成路面硬化。

| 文秀的新长征 |

黄文秀（右二）与村干部一起参加清洁卫生劳动

时代楷模黄文秀的故事

黄文秀在养蜂场中考察产业发展模式

　　经过文秀的争取与努力，2019年，百坭村除了2条路已达到通屯道路标准没有被列入之外，其余3条路均已被列入乐业县2019年第一批财政专项扶贫资金安排项目，它们将很快实现道路的硬化。

　　群众之事无小事，这是文秀的工作原则，所以她一件接一件地去办理。她和村"两委"制订了5项水利工程建设规划，涉及烟叶生产基础设施的有3项。她在笔记本上写下详细的工作计划：百果屯和百爱屯"那红"水利工程全长600米，百布水利维修20米，百果、百坭水利维修20米……村内开展乐凤二级公路建设，产生共计20多起征地和土地纠纷。为此，文秀前后40多次深入现场了解情况并耐心调解，最终成功化解纠纷，她因此成为不少群众的知心人。

就在文秀牺牲的3天前，2019年6月14日一大早，文秀和村干部带人拿着水管去陡坡上维修被暴雨损毁的水渠，他们花了3个多小时才接通水渠，暂时解决了问题。在修水渠的时候，村委会主任班智华牵马驮着物料来回运送，这匹马经常为村里驮运农用物资和烟叶。文

黄文秀在百坭村参加水渠修缮工作时与马匹的合影

秀看到后心疼地说："马儿太累了，我带它去吃点草，休息休息。"就在她牵马上坡的时候，有人用手机拍下了这个瞬间，这是她留下的最后一张工作照。

爱美之心，人皆有之，文秀也是个爱美的姑娘。一次，她在与同事蒋丹丹一起逛街时，被一条漂亮的鱼尾裙深深吸引住了。她试穿了裙子，却在镜子前犹豫不决。蒋丹丹说："快买吧！你穿起来这么好看！"文秀却拿起又放下。常要爬山下田的她，什么时候才有机会穿这美丽的裙子呢？可这裙子实在太美了，文秀忍不住把它买了下来。

文秀牺牲后，我们在整理遗物时，看到了这条鱼尾裙。它安静地躺在抽屉的最底部，甚至吊牌都还没有来得及摘下，像在等待一双拿起它的手，等待那个穿起它的人。

文秀爱美，但她更热爱群众，热爱工作。这条漂亮但不便于行动的鱼尾裙，她一直没有机会穿。她收起高跟鞋，穿上运动服，风风火火地走在扶贫的最前线，走进贫困户的家里，也走进了百坭村村民的心里。

有一次过节，村支书周昌战不想让她一个人孤零零地过，便盛情邀请她来自己家吃饭，文秀很爽快地答应了。

那天文秀完成进村入户工作后回到自己的宿舍，当她走出来的时候，只见她一袭白色长裙，长发飘飘，背着她的那把吉他，身上充满着青春朝气。她笑眯眯地走出村委会办公楼，周昌战支书一下子认不出来，以为换了一个人，文秀说："这样去赴宴，才合乎礼貌，是对主人的尊重啊！"

周昌战支书由衷地说："你这么一打扮，太漂亮了！"

文秀调皮地说："哈哈，你没注意到，我虽然穿了长裙，但脚上却穿着运动鞋，还是挺不协调的，但是穿高跟鞋走不了山路啊！"

这是文秀留给周昌战支书的生动的永恒印记。

凭借着一颗纯粹的心和脚踏实地的作风，文秀如温柔的春雨，一点点润泽了百姓的心，给这片贫穷的土地带来更多希望。她真正做到了想群众之所想、急群众之所急，她身上体现的正是共产党员的担当精神。文秀来到百坭村后，经过一年多不懈的努力，使百坭村发生了喜人的变化：2018年，全村通过易地扶贫搬迁脱贫18户56人，教育脱贫28户152人，发展生产脱贫42户209人，贫困发生率降至2.71%。完成屯内1.5公里的道路硬化，新建4个蓄水池，完成一个屯17盏路灯安装，村集体经济收入实现增收6.38万元，获得百色市"乡风文明红旗村"荣誉称号……百坭人终于笑了。

百坭村获"乡风文明红旗村"表彰

习近平总书记曾指出："年轻干部要到重大斗争中去真刀真枪干。"文秀正是这样优秀的年轻干部！

扶贫"新手"如何"上路"?

从刚进村时受到村民质疑,到解决百姓难题后获得村民信任,文秀的扶贫征程上充满了艰难和坎坷。面对质疑,她不放弃;面对困境,她不退缩。

在采访过程中,我们看到了文秀写的一篇驻村工作总结——《扶贫,从"新手"到"熟路"》,较完整地反映了她驻村的心路历程,以下是选取的部分内容:

2019年3月26日,我担任百色市乐业县新化镇百坭村驻村第一书记刚满一年。一年来,我坚持带领群众学习贯彻习近平总书记关于扶贫工作的重要论述,坚持吃住在村,摸透村情民意,团结党员群众,以昂扬的斗志、饱满的热情、旺盛的干劲,带领村"两委"干部如期完成百坭村2018年的各项脱贫攻坚任务,从一名扶贫"新手"变得"轻车

| 文秀的新长征 |

积极和村民交流的黄文秀（中）

和村民打成一片的黄文秀（右一）

熟路"。

在我驻村满一年的那天，我的汽车仪表盘里程数正好增加了25000公里。我简单地发了一条微信朋友圈："我心中的长征，驻村一周年愉快。"

还记得初到百坭村的情景，那时候我还是一个从没有接触过农村工作的"新手"。为了贯彻落实习近平总书记一直强调的"坚持精准扶贫、精准脱贫，找到问题根源，增强脱贫措施的实效性"，为了全面掌握百坭村的致贫原因和现状，我坚持用土办法，对村内的贫困户开展遍访工作，认真查摆问题并听取民情民意。

百坭村全村一共有195户建档立卡贫困户，分散居住在几个不同的山头，对于我这个不熟悉地形的"新手"来说，要在最短时间内掌握全村贫困户的详细情况，是非常困难的。但我没有失去信心，我想起了那句话——让扶过贫的人像战争年代打过仗的人那样自豪，长征的战士死都不怕，这点困难怎么能阻止我继续前行？

到了驻村第二周的周末，我将车子小心翼翼地开到村里，正式开始我的扶贫之"路"。作为百坭村首位女第一书记，村民对我的到来表示怀疑："你这个小年轻估计就是来走个过场的，我们跟你说了也没用。""跟你说几句话你能帮我们解决问题吗？别在这儿耽误工夫了，赶紧回城里享福去吧。"……听到村民们这么说，我觉得心里很憋屈，搞不懂为什么我辛辛苦苦地翻山越

| 文秀的新长征 |

黄文秀（右一）与同事一起认真地开展入户调查

岭、走村串户，老百姓却对我这么排斥。

我找到了村里的老支书向他请教，老支书语重心长地对我说："文秀书记，你刚来，老百姓对你还不熟悉，他们不愿意与你深聊，你也要理解他们。农村其实是一个熟人社会，老百姓跟你熟了，自然就接纳你了。"如何才能跟老百姓熟起来？那天晚上回到宿舍，我一宿没睡着。要想让老百姓愿意接纳我，就得让老百姓觉得我和他们是一样的。

从那以后，我到贫困户家不再拿着个本子问东问西，而是脱下外套帮贫困户家扫院子；贫困户不让我进家门，我就去两次、三次；贫困户不在家，我就去田里，边帮他们干农活边聊天。时间久了，村民们跟我见得多了，开始慢慢地接受了我。"你这个女娃娃还真是'难缠'得很哩！"不少贫困户跟我开玩笑说。

经过两个月的摸底，我基本掌握了全村概况。百坭村共有472户2068人，其中建档立卡贫困户195户883人，2017年未脱贫的有154户691人，因学致贫和因残、因病致贫占比最高。

……

和村民渐渐熟悉之后，他们开始好奇我为啥要跑到农村来工作。有一次，在走访全村最远的长沙屯后，该屯的黄仕京坚持要留我们在他家一起吃晚饭。黄仕京家有5口人，父亲已经84岁，大儿子是广西民族大学大二学生，小儿子则于2018年7月考取广西医科大学，家庭开支主要靠销售家里种植的八角和农闲时黄仕京外出务工维持，家中因学致贫。我了解到情况后，及时为他家申请了雨露计划，一次性获得了5000元的补助，解了他家的燃眉之急。饭间，黄仕京突然问我："书记，听大家说你也是大学毕业，还是北京回来的研究生，怎么会想要到这么边远的农村工作呢？我的孩子以后也会面临着找工作问题，我真的好奇你当初的选择。"

我思考了片刻对他说："百色，是一个集革命老区、

| 文秀的新长征 |

黄文秀（右二）与村民深入交流

少数民族地区、边境地区、大石山区、贫困地区、水库移民区'六位一体'的特殊地区，是全国脱贫攻坚的主战场之一，作为自己的家乡，面对如此情况，怎么还有理由不回来呢？一位世界著名的社会学家说过，'一个国家的落后在于精英的落后，而精英的落后在于嘲笑民众的落后'。我们党深刻明白这个道理，从而提出要教育扶持一批人脱贫，并且扶贫要扶志和扶智。这样一个

时代楷模黄文秀的故事

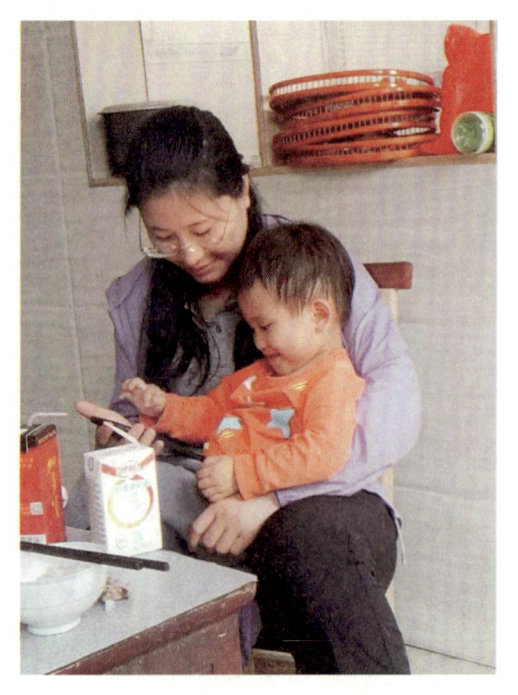

抱着村民孩子的黄文秀

切实为群众谋发展、谋福利的党,我们怎么能不响应党的号召呢?"黄仕京听了我的话后,当场端起酒碗向我敬酒,表示也要让家里的孩子在学校申请入党,以后让孩子回家乡。听到他的话,我心里非常感动,自己的工作能够让群众真切感受到共产党的好,对我来说是非常大的鼓舞。

2018年行驶过的扶贫之路,对我而言更像是心中的长征。在这条路上,我拿出了极大的勇气和极大的信心,克服各种困难。2018年带领全村通过易地扶贫搬迁脱贫18户56人,教育脱贫28户152人,发展生产脱贫42户209人,共计88户417人;完成了屯内1.5公里的道路硬化,4个蓄水池的新建,一个屯17盏路灯的亮化工作,村集体经济收入实现6.38万元,获得了百色市2018年度"乡风文明红旗村"荣誉称号。

截至目前,全村还有15户56人未脱贫,百坭村的基本公共服务还有待建设完善,如何推进产业发展还需继续谋划。面对这些,我充满信心,我将一如既往地坚持贯彻落实习近平总书记关于扶贫工作的重要论述,坚持目标标准不动摇,贯彻精准方略不懈怠,行百里者半九十,不搞急功近利,杜绝形式主义,继续加强农村基层党组织建设,继续增强群众获得感、幸福感、安全感，为百坭村如期打赢脱贫攻坚战、如期和全国同步进入小康社会做出新的贡献。

通过这篇文章，我们能够了解到文秀扶贫之路的点点滴滴，从而感受到她这一路走来的艰辛与不易。

2019年7月1日上午，我在乐业县委宣传部和县文联的帮助下，联系上乐业县新化镇政府工作人员，得以来到文秀生前在镇里的住处。10平方米左右的地方，除了床铺，还有一个简易的书架和电脑桌。书架上放着两本驻村日记，里边记录了文秀驻村工作和生活的点滴。

在文秀的驻村日记里，有一张手绘的百坭村贫困户分布图。每次走访完村民，文秀就会在驻村日记上标出每一户人家的名字和位置。

黄文秀（中）组织百坭村的小朋友开展"小手拉大手"活动

时代楷模黄文秀的故事

黄文秀（中）和小朋友一起唱歌

黄文秀（左二）和小朋友在一起

| 文秀的新长征 |

黄文秀（后排右二）向村民作健康扶贫宣讲

在文秀的驻村日记里，字里行间无不透露着她对基层工作的认真投入和对百坭村群众脱贫致富的真切期盼……

文秀经常说："每天都很辛苦，但心里很快乐！"文秀用自己的初心消除了与贫困群众的隔阂，真正把群众当作自己的亲人来对待，真正让群众从内心深处接受了自己。

扶贫成绩与付出

山洪了堵住了路的两头，雨越来越大，

上天没有听到我们为冒雨赶回来的你的祷告……

你再也无法打开那封向你汇报佳绩的信，

再也无法开封那坛庆功酒……

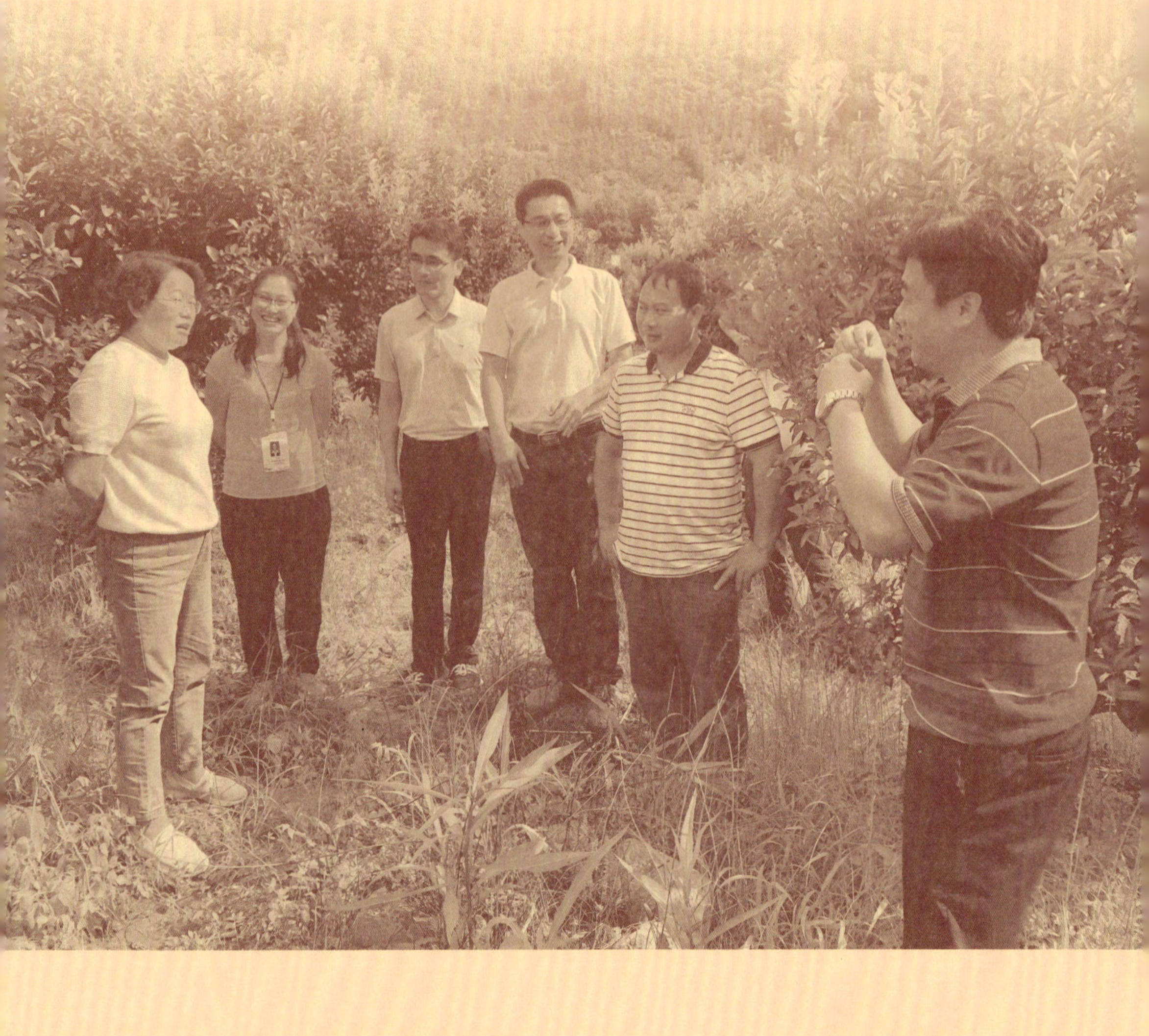

贫困村的另一条产业路

2018年4月的一天,百坭村村委办公楼的会议室里,村委们在进行一场与烟草有关的讨论。

经过一段时间的讨论后,文秀环顾会议室四周,继续说:"我国是世界烟叶大国,国家对烟叶种植是有扶持政策的,尤其是对贫困地区。我们百坭村有种植烟叶的传统,这是一项脱贫致富见效快的好项目。刚才大家的发言很好,我们将把种植烟叶列入百坭村农业产业发展规划中。"

会后,文秀说砂糖橘种植她已了解,但烟叶种植以前没怎么接触过。她请周昌战支书和班智华主任带她去看看烟叶种植情况。

他们来到田间,在看到一片片绿油油的田野时,文秀一脸惊奇地说:"这烟叶绿油油的,不注意看还以为是青菜呢!"

班智华说道:"是的,这一片都是烟田,

时代楷模黄文秀的故事

黄文秀（右二）陪同百色市时任市长，现任百色市委书记周异决（右一）到基层走访贫困户

今年的烟叶长势良好。"

文秀问："我们村有多少户种了？"

班智华回答道："今年我们村有22户烟农，有13户靠种烟叶脱贫了。其中就包括我家。"

文秀惊喜地说："哦！那太好了！"

班智华接着说出了不容乐观的现状："但百坭村种烟户不多，今年的种植户数在减少，种植亩数缩减将近一半啊！"

文秀追问："那是为什么呢？"

班智华指指自己的脑袋，调皮地说："是这里！思想问题！"

| 扶贫成绩与付出 |

文秀说:"哦!最近我也在思考这个问题,请周支书和班主任给我出出主意啊!"

常言道:靠山吃山,靠海吃海。百坭村村民傍山而居,开门见山,因山而困。村民多是散落杂居的,每家守着几亩地,种些玉米、水稻等传统农作物以维持生活,基本上还是自给自足的模式。常常是一家人忙活了大半年却只够填饱肚子,根本谈不上获得什么经济效益。

一味地靠山吃山不是办法,只有找到出路,靠山致

在田间地头察看的黄文秀

时代楷模黄文秀的故事

黄文秀（右一）积极入户调查

富才是硬道理。可在这山高坡陡之地，如何选择一两项合适的产业作为发展的"硬货"，或者能打出去的"拳头"产品？

这正是文秀一直苦苦寻找的致富方向。在摸索砂糖橘升级发展的过程中，文秀和她的伙伴们看到了百坭村发展的新路子、新生机。有产业，才能让贫困群众稳定脱贫，过上幸福的生活。

文秀意识到，仅有砂糖橘一项产业是不够的，必须再发展烟叶种植。但文秀心里明白，这无疑是一场革命！百坭村的田地里，能不能长出"黄金"？

当天下午，她马上回村委上网查询和种烟有关的资料。

烟叶种植，对于闻到烟味就反感的文秀来说是完全陌生的领域，但善于学习的她开始积累相关知识。只要经过烟田，她都要和烟农、烟草技术员了解烟叶种植的

| 扶贫成绩与付出 |

冒雨走访的黄文秀

时代楷模黄文秀的故事

黄文秀（左一）入户核实贫困户的生产生活情况

政策、动态，学习基本的生产技术。

烟叶根据气候条件不同，一般分春烟、夏烟，春烟在二三月份种植，夏烟在5月份左右种植，一年采收一次烟叶。乐业县的自然条件适宜烟叶生长，应该可以扩大种植。

但问题来了，到底要找谁咨询？为了稳妥，文秀决定去拜访相关部门和有关人员。班智华主任看出她的心思，就告诉她镇里有个烟站，烟站里有一个"老烟鬼"，他最了解情况，也最有办法了。

带着疑惑，文秀在新化镇烟站找到了"老烟鬼"——站长龙俊。

| 扶贫成绩与付出 |

黄文秀（左二）入户核实贫困户的生产生活情况

龙俊个子不高，长得斯文白净。他比文秀大三四岁，曾就读于广西百色农业学校，2007年8月毕业后到广西壮族自治区烟草公司百色市公司乐业营销部工作，在新化镇烟叶站担任技术员，后任站长。他前后干了11年，所以被同事笑称"老烟鬼"。他工作干劲大、经验丰富，是烟农的贴心人。

龙站长热情地向文秀介绍说："乐业县位于广西西北部，全县总面积2633平方公里，适宜烟叶种植的土地面积达10万亩，占全县耕地面积的53.13%。乐业县气候温和，降雨充沛，光照充足，土质优良，具有得天独厚的自然气候优势，是优质烟叶的种植区。乐业县2001

年开始在全县范围发展烟叶种植,这项产业在新化镇发展迅速。现在农民们尝到了甜头,收入增加了,同时也促进了地方区域经济持续发展,可以说是利国利民的大好事。"

文秀问:"那么,百坭村烤烟产业的基本情况又是怎样?"

龙站长打开手机给她看百坭村近两年的烟叶种植和收购情况:

2017年,百坭村种植烟叶共有4个屯53户烟农,签订烟叶种植面积406亩,烟叶收购量618.974担,烟叶收购金额99.59万元,亩产值2453元。2018年,百坭村烟农种植烟叶共有2个屯22户,签订烟叶种植面积203亩。

接着龙站长突然问文秀:"你知道一担烟叶有多重吗?"

文秀说:"我知道。烟草行业一般以'担'作为烟叶的计量单位,一担烟叶重100斤,在烟叶计划下达、收购、销售中通用。为保证烟叶质量,每亩烟田对应的烟叶收购计划一般为2.5担,也就是250斤。没错吧?"文秀一口气作了回答,这是她查询资料,做了功课后积累出来的。这是文秀的习惯,她做什么都用功、用心。

"好懂行呀!"龙站长不由得对这位年轻的驻村第一书记肃然起敬。

文秀说:"从这个数据来看,2018年百坭村的烟叶种植户和面积都减少了一半,说明烟农积极性降低了,这是为什么呢?"

龙站长解释道:"这其中有很多原因,一时半会儿也说不清楚。今年的烟叶刚种上,收入要等到烟叶收购后才能统计,但是总产量和总收入预计会比2017年减少一半。"

文秀的心情不由得沉重起来。她知道,最短的距离是从手到嘴,最远的距离是从说到做。她是从大山里走出来的孩子，心里清楚要让农民看到实际的好效果，他们才会真的去做的。当然，从种地到"种出产业"，对于农民来说是一个艰难的飞跃。所以，文秀知道，还有很多思想工作要去做，农民固有的思想藩篱不破除，就无法迈出第一步，更不要说飞跃了。

紧接着，文秀抓住时机，向龙站长提交了一份建议书，建议新化镇烟站给予百坭村贫困烟农一些奖励政策：

第一，奖励烟农。烟农销售干烟每担给予相应的补助作流转土地租金费用，在本乡镇种植烟叶每担补助40元，跨乡镇种植每担补助50元。

第二，奖励贫困户。对贫困户自行发展种植烟叶5亩以上的，按贫困户当年销售所得烟叶税的30%返还贫困户。

第三，奖励村集体经济。村"两委"干部参与种植烟叶或宣传发动落实完成种植烟叶100亩以上的行政村，按照行政村所销售干烟叶给予每担20元的奖励，作为壮大发展村集体经济的经费。

龙站长答应文秀立即向县烟草局申请，尽快解决落实这件事。文秀从龙站长那里借来关于烟叶种植的书籍，就告辞回到村里。

夜晚，文秀看了很久烟叶种植的科普书，眼睛有点疲惫，她走出自己的小房间，来到操场上。入夜的百坭村，夜风送来田野的清香，她抬头看到夜空中繁星点点，远处飘来歌声，仔细一听，正好是那首她喜欢的歌曲《夜空中最亮的星》。这歌声让她产生共鸣，她转身回房间取出吉他，跟着轻轻弹唱起来：

我祈祷拥有一颗透明的心灵,

和会流泪的眼睛。

给我再去相信的勇气,

哦~越过谎言去拥抱你。

每当我找不到存在的意义,

每当我迷失在黑夜里。

哦~夜空中最亮的星,

请指引我靠近你……

唱着歌,文秀联想到百坭村的产业升级还面临着诸多问题,是迷失在黑夜里,还是勇敢地追赶太阳?

这,对于百坭村的老百姓,对于百坭村的村干部们,尤其是对于文秀这个驻村第一书记来说,确实是一场全新的挑战!

文秀和村里的烟农

说干就干,这就是文秀的风格。脱贫攻坚,产业是贫困群众稳定脱贫不返贫的重要支撑,选准、选好一个产业,对于贫困村来说至关重要。所以,文秀铁了心要认真地去搏一搏。

在拜访新化镇烟站站长龙俊之后,文秀对种植烟叶更有底气了。她回来和周昌战支书、班智华主任合计后,立即召集村干部、屯干部和烟农一起交流种烟叶的心得,商讨如何提高烟叶亩产量和烟叶品质问题。

她组织有经验的烟农为经验不足的烟农"传经送宝";碰到烟草公司搞技术培训,她总是驻足倾听;得知有的烟农因为种植技术不到位而导致烟叶质量不佳时,她苦口婆心地叮嘱烟农要抓好每个技术环节,不松懈才能种出好烟叶,增加收入。

她对村里的烟叶种植更加上心了,每次

时代楷模黄文秀的故事

黄文秀（右二）积极和村民交流

走访贫困烟农都鼓励他们用心种植，不但要脱贫还要奔小康。"许多病菌是人带入烟田的，那就做个警示牌竖在地头。"文秀和新化镇烟站工作人员商量如何减少烟叶的病虫害。

没多久，"进入烟区，严禁吸烟，严禁触摸烟叶"的警示牌就出现在百坭村的烟田里。

烟农韦灵峰好奇地问："文秀书记，你是学种烟专业的吧，你怎么这么懂行呀？"

文秀被夸得脸都红了，她谦虚地说："种烟专业？没有没有，我是现学的，还请你这位老烟农多教教我啊！"

烟农的思路开阔了，有信心了！一年一度的烟叶收购结束，文秀看到班智华主任统计出来的烟农收入情况：2018年，9户贫困烟农中有8户脱贫，全村的贫困率也由22.88%下降到2.71%。

"这种烟收入真不错，我们得好好搞。"文秀看完统计表后说道。她细心地发现，烟农班龙排的收入却没有达标，还在未脱贫户行列。当天，文秀在驻村日记上这样写着："今年，只剩最后一户贫困烟农班龙排还没有脱贫，一定要全力帮他渡过难关！"

烟农班龙排是残疾人，他有两个孩子，一个在读高中，一个在读初中，家中还有一个老人，属于典型的因学致贫和因残致贫的双重贫困户。第二天，文秀给孩子买了书包、文具和课外读物后，立即奔赴班龙排家进行走访。

文秀和班龙排的家人已经熟悉了，她看到班龙排腿脚不灵便，就主动拿扫把帮他打扫房间，然后又帮他收拾家里的桌椅板凳，屋里一下子就干净整洁多了。

班龙排解释了种植的困难："我不敢多种啊！家里的劳动力就我一个，种烟是要干很多体力活的，我腿脚不灵便，种多了照顾不过来啊！"

文秀说："你家的情况我已经了解了。你家里缺劳动力，我们村委会组织人力来帮你，也算我一个；缺技术，我们请烟站派技术员来指导，让你提高产量，确保烟叶的质量，这样才有好收成。你说好不好？"

班龙排感激地说："这些困难你都能全帮我解决的话，那我就有信心多种几亩啦！"

时代楷模黄文秀的故事

黄文秀(右一)探望老人

| 扶贫成绩与付出 |

黄文秀（左一）积极入户走访

文秀问："那打算种多少亩？"

班龙排犹豫了一下，说："10亩！"

文秀高兴地说："好啊！我给你算一笔数，按烟田亩产3000元来算，10亩烟田的总收入可达到3万元，这样你就可以脱贫了！关键是你要有信心啊，我们支持你！"

文秀说到做到。她对班龙排的帮扶格外用心，隔三岔五就到他的烟田看看，到他家里和他拉家常，增强他种烟脱贫的信心。同时，她也鼓励班龙排的孩子好好读书，长大后报效国家。当班龙排去烟田忙碌时，文秀就带上慰问品，帮他照顾家里的老人。

时代楷模黄文秀的故事

黄文秀（右二）察看百坭村的烤烟房

由于班龙排文化水平较低，文秀还主动当起了他的"烟草技术员"。她找来与烟叶生产相关的书籍进行钻研，并向烟站工作人员、烟农咨询种烟技术问题，烟草花叶病、黑胫病、青枯病，她都能分辨得出，防治药剂等她也都能说得出用法。

文秀和村干部们商量，拟定了依托党建引领、政府主导、支部主建、烟农互助的"党支部+合作社（互助组）+农户"专业化运作模式，并组建互助组，更好地整合资源和方便互助，有力地帮助烟农渡过难关。

烟田需要灌溉，用传统的肩挑手提的方法来淋烟田，非常费力且效率低下，会耽误宝贵的农时，耽误烟

| 扶贫成绩与付出 |

黄文秀（右一）到田间地头察看被洪水损毁的水利灌溉设施

叶的生长，因此文秀也把烟田灌溉列入了急办的事项，并取得了县相关部门和镇烟站龙站长的支持。

她和村"两委"制订了5项水利工程建设规划，涉及烟叶生产基础设施的有3项。她在笔记本上详细记录着工作计划：百果屯和百爱屯"那红"水利工程全长600米，费用9万元；百布水利维修20米，费用1万元；百果、百坭水利维修20米，费用1.14万元……"屯里的路通到二级路，石头堆成的坝体修成固定坝，为了尽快推进项目，她找我商量了好几次。"百坭屯烟农班华纯说。

看到百坭村的脱贫工作迈上了一个新台阶，文秀和村民们一样，心里甜滋滋的。她坚信，通过大家一起努力，不忘初心、牢记使命，大力助力脱贫攻坚，推动乡村振兴，一定能让百坭村的老百姓过上幸福的生活！

2019年，班龙排在文秀的鼓励下，种了10亩烟，烟叶长势不错，当年马上顺利脱贫。班龙排含着眼泪说："文秀书记待我们像家人一样，她心地善良、做事周全，是个好人，是负责任的好书记，她就是我的亲人！"

文秀，就这样成了烟农眼里的好书记！

至今，百坭村那些脱贫的烟农还把文秀的工作照挂在家里的墙上。她温暖的笑容，连同她在脱贫攻坚第一线奋勇担当、奉献自我的精神，深深嵌入百坭村百姓的心里。

一封写给文秀的信

在百坭村,流传着一个文秀"三顾班庐"的故事。

2019年秋天的一个黄昏,我专程来到那用屯,找到文秀的一个帮扶户班统茂家,这就是文秀"三顾班庐"的地方。

一沓厚厚的"第一书记工作实绩报告表",记录了2018年5月她在百坭村开展工作的情况。在"下个月工作打算"一栏中,她写道:"在对全村基本情况进行一个初步掌握之后,重点推进产业园的建设和致富带头人的工作。"

文秀提议让有一定经验的果农班统茂作为村里的五个致富带头人之一。

可对于这个提议,班统茂起初比较抵触,不接受。

为什么当初会拒绝呢?

班统茂说:"我一开始有点不相信文秀书

时代楷模黄文秀的故事

黄文秀（左二）入户了解茶叶生产情况

记这个小姑娘，因为她太年轻，像个学生娃，她的岁数和我女儿差不多，虽然她是从北京毕业的研究生，我觉得她写写论文、动动嘴巴可以，但真能有办法帮我们脱贫致富？"

原来是他当初不太相信这个"学生妹"，所以对文秀不理不睬。

这就是文秀第一次跋山涉水来到班统茂家登门造访的结果。

文秀不甘心，接着第二次再来。

| 扶贫成绩与付出 |

班统茂第二次见到这位年轻的第一书记，心里有了敬佩，他说了自己的担心："我刚刚脱贫，还不是致富带头人，这个名声我当不起啊！再说我又没有什么种植技术，怕带不好大家，拖累大家，你还是另请高明吧！"

经过两次上门造访，文秀觉得班统茂勤劳、肯干，有集体荣誉感，更认定他是十分合适的人选，文秀于是又第三次登门。

有村干部说通知他来村部不就行了吗？何必走这么远的山路去找他？文秀还是坚持登门去做工作，她认为这样会更有效果。

然而这次出门不利，恰好遇上大雨。当文秀一身泥水地来到班统茂面前时，这位实诚的壮家汉子眼睛湿润了。

他清楚地记得，那天文秀微笑的样子和跟他说的话："班大哥，你只需要认真种好你家的果，再领着屯里的果农扩大种植面积，你所担心的问题由我来解决！"

正所谓精诚所至，金石为开。班统茂对文秀彻底心服口服了！

后来，文秀说到做到。她专程把农业技术员带到百坭村的果园里，手把手地教会了班统茂和其他村民如何把果子种好管好。待到果子成熟后，文秀又积极联系销路，帮大伙找外地收购商。

2017年，百坭村全村果园的产量只有6万多斤，2018年产量增加到50多万斤，收入比2017年翻了好几倍！

时代楷模黄文秀的故事

百色市委常委、宣传部部长黄彩毕（左一）带队去看望黄文秀（左二）

靠着这一片果园，班统茂盖起了楼房，摘了"贫困帽"，同时还带动屯里其他农户种植砂糖橘，走上了共同致富之路，起到了致富带头人的带头作用。

村里的群众这回更佩服文秀了，纷纷说她会看人，她用对了人。文秀"三顾班庐"的故事，从此传开了。

扶贫成绩与付出

　　文秀不幸遇难后,班统茂说:"我实在不想提起她,但是我又很想她。她选择我做致富带头人是对我的信任,我想对她说,我一定不会让你失望,我一定认真带好大家,请你放心。"

　　2019年国庆前夕,班统茂受邀到北京参加电视访谈节目,讲到文秀时他很激动,一激动,本来普通话就很不标准的他,对着摄像机就讲得更不清楚了,一直没录

黄文秀(右一)到贫困户的果园察看果树生长情况

115

时代楷模黄文秀的故事

黄文秀和村民一道竖起百坭村产业园公示牌

好。到了夜里,他彻夜难眠,于是提起笔来写了一封信给文秀,表达自己的缅怀和感激之情,后来再录制节目时他就读了这封信。

说到这里,他从卧室拿出了这封他亲笔写给文秀的信,他用哽咽的声音慢慢读给我听,直至泣不成声。信是这样写的——

写给文秀书记的一封信

文秀书记:

距离你离开我们已经有131天了。最开始听到你遇难的消息,我们都不太敢相信,明明前几天还见面的人怎么说没就没了呢?自从你离开了我们,我们每天都在悲伤中度过。

曾经,你是我们脱贫致富的引路人,更是我们走向幸福生活的精神

| 扶贫成绩与付出 |

支柱。然而，正当花开结果之际，你却无声无息地走了，留给我们的只有无穷无尽的思念。

我们知道你有太多太多的不舍和牵挂。今天我借此机会告诉在另一个世界的你：文秀书记，请你放心，你未走完的长征路有人为你接过接力棒，你所许下的诺言，如今有更多的人来帮你实现和完成。

在你的鼓励和帮助下，今年我们村的砂糖橘又有了很好的收成，再过两个月就可以采收，但是此时此刻，我们说什么也高兴不起来。

因为我们失去了你，再也盼不到你像去年那样来帮我们摘果、背果、收果、卖果了……

喜看砂糖橘挂满枝头的黄文秀

文秀书记，我们不能没有你，我们在等着你！我们在呼唤你！你听到了吗？

在今后的日子里，我们会化悲痛为力量，加倍努力，绝不辜负你对我们的期望，早日走出贫困，奔向小康！

文秀书记，百坭村的父老乡亲永远怀念你！

班统茂
2019年10月写于北京

文秀书记，你日夜牵挂的老百姓，他们在你的心上，你在他们的心里，永远！正如班统茂写给你的信中所说的："在今后的日子里，我们会化悲痛为力量……早日走出贫困，奔向小康！"

| 扶贫成绩与付出 |

一坛来不及开封的庆功酒

2020年元旦前夕，百坭村新修通的通屯路旁果树遍山，金黄的砂糖橘挂满了枝头，呈现一派丰收喜人的景象。和班统茂一样，脱贫户韦胜峰一早便开始在自家砂糖橘林里忙碌，收购橘子的车停在路边等候。水果收购商刘美宽开着大货车从贵州赶来，每天从百坭村收购2万多斤砂糖橘。"这里空气好，土质好，果子甜，我们愿意来收购。现在路通了，比原来省了不少时间，更方便了！"

2020年春节前，百坭村党支部书记周昌战向我介绍说，2019年村里油茶种植面积和产量都增加了。全村约有5000亩油茶，投产面积已达2000多亩，还成立了油茶专业合作社，户均增收1万多元。

产业有了规模，村民们不用担心加工和销路。在由文秀帮扶建起的榨油坊里，村民可免费榨油。榨油坊负责人罗向诚参与收购

119

时代楷模黄文秀的故事

外出考察学习时的黄文秀

油茶籽加工后剩下的茶枯，并负责拓宽村里茶籽、茶油的销路。

百坭村的变化，处处凝结着文秀的付出与努力，可她再也看不到了……

百坭村村支书周昌战清晰地记得，文秀遇难的前3天，在进村入户的路上，她还跟他认真地说："再加把劲，我们全村今年底就脱贫了！"

她悄悄地自己掏钱跟酿酒的村民定购了两坛农家自酿酒，打算到时候拿来当庆功酒。如今这两坛酒，用红布包好，静静地安放在村部的一个角落里，仿佛在等待它们的主人来打开……

"现在，好酒好菜已经备齐了，可我们的文秀书记却不在了……"

说到这里，周昌战这位当过兵的硬汉，眼睛湿润，声音哽咽……

百坭村的村民们一直有一个心愿，他们表示："等我们村都脱贫了，我们就用这两坛酒来庆功，以告慰文秀书记的在天之灵。"

对于热爱这片土地的文秀来说，最好的告慰是什么？

那就是继承英雄楷模的遗志，继续前行！

存放在百坭村的脱贫庆功酒

周昌战说:"如今百坭村发展得越来越好,我们争取获得更大的丰收!"

接任百坭村驻村第一书记的杨杰兴说:"我们会沿着文秀书记带领的路,埋头苦干,百坭村会和全国一道实现全面脱贫!"

百坭村的村民互相鼓舞打气:"脱贫攻坚,我们一个都不能少!"

百坭村,这个幽静的小村,不论时光如何流逝,村民们会永远铭记这个"百坭村的女儿"——黄文秀。

在百坭村人心中,文秀是一盏明灯,照亮全村人的脱贫攻坚之路,文秀的精神如同明亮的火把,照耀着奔赴在脱贫攻坚战线上的人们,砥砺着人们奋力前行。

| 扶贫成绩与付出 |

文秀生命的最后三天

时间：2019年6月14日，周五。
地点：乐业县百坭村。

乐业多雨，进入6月份，雨季就到了。

2018年同样的时间，文秀刚到百坭村两个多月的时候，当地就进入了雨季，她在自己的驻村日记里写道："乐业县近日进入雨季，通往乐业县的路段发生了塌方，情况非常危急，凌云有一户6口人家不幸被埋入土中，田林县有地方楼房倒塌。我知道消息后，马上联系村支书，让其时刻关注百坭村情况，这个周末过得十分紧张。"

当时，村里好几条路都被塌方阻断了，文秀第一时间组织了几个村干部，冒雨一起去疏通道路，周末也顾不上休息。她切身感受到驻村第一书记不是份轻松的活儿，尤其是在贫困的百坭村。

时代楷模黄文秀的故事

黄文秀（左一）查看水利建设情况

　　这天一大早，文秀开车载着几位村干部去看各个屯的水利情况。因为山洪和塌方，村里不少水渠都有不同程度的受损，影响了村里的饮水和灌溉。每到一个受灾点，文秀就会写一份详细的受灾情况登记表，方便后续处理。

　　那用屯的村民居住在河堤上，出门会经过一条小河。平日里，村民会用绳子绑几根木条，架在两岸来充当桥，但一到暴雨天，河水上涨，木条就会被冲走。文秀曾在这儿见到过一位老人背着孙子，吃力地蹚水过河。这次考察，她决心要把修桥提上议程。

| 扶贫成绩与付出 |

　　下午，文秀和村干部们查看被洪水冲毁的农田，回村委后立即召开紧急会议，商议并拟定解决办法。会后文秀跟村支书周昌战打招呼，说周末想回家探望生病出院的父亲，等周日回来再好好商量怎么解决水利问题。下午5点多，她开着自己的车到新化镇汇报农田毁坏的情况，并上报了解决方案和请求，之后跟镇领导办完请假手续，就赶回田阳老家。她踏进家门，已经是夜晚10点了。

黄文秀（左二）与百坭村干部群众一起查看道路硬化施工情况

时代楷模黄文秀的故事

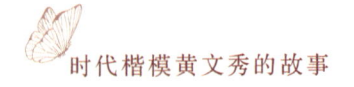

时间：2019年6月15日，周六。

地点：田阳县文秀老家。

文秀的老家在田阳县田州镇，是一栋两层的红色砖混房，建在山坡上。她家里的地板是粗糙的水泥地，二楼甚至连门窗都没安装，最值钱的家具是一台老式的台式电视机。她的房间摆着两张老旧的床，坐上去吱呀响，她上学时用过的课本、得过的奖状都装在一个灰扑扑的行李箱里。

周六早上，文秀像一只勤劳的蜜蜂一样，有条不紊地忙开了——给父亲熬药、喂药，给母亲洗衣服，给哥哥的孩子辅导作业……

文秀家里刚满10岁的侄子，最听小姑姑的话。侄子平时贪玩调皮，

黄文秀的老家

不喜欢学习，哥哥嫂子也不知道该怎么教导他，文秀就承担起辅导侄子学习的责任。这天像往常一样，侄子安安分分地坐在桌子前，文秀耐心地教他汉语拼音、乘法口诀。

文秀默默地付出的品格，深受母亲的影响。她的母亲是一个坚韧的人，有着勤劳、乐观的品质。文秀从小耳濡目染，她从母亲的身上读懂了爱，爱父母，爱这个家，爱社会和国家。

这天，母亲因为她的归来，高兴地忙碌着，她手上一直戴着一个银手镯，朝里的一侧刻着四个字——"女儿爱你"。手镯是2019年三八妇女节，文秀从网上给妈妈和嫂子买的礼物。在送给母亲的那一只上，她特意让店家刻上了这四个字。

因为文秀的回来，一家人高高兴兴地度过了周六。

时间：2019年6月16日（父亲节），周日下午。
地点：田阳县文秀老家。

父亲在文秀心中是一座山。这个父亲节，文秀更想念父亲了。因为上个月，父亲由于患肝癌住院治疗，还动了手术。但由于村里工作忙走不开，她已经有两周没回老家了。

看到2019年的父亲节恰好是周末，她便计划着这周末带着药品回田阳老家，看望刚刚出院的父亲，给父亲过个愉快的父亲节。

前几周，文秀的父亲刚做完第二次手术，身体虚弱，吞咽困难，吃不下饭，只能吃一些松软、稀的食物。她给生病的父亲带回了一包白桦茸、一包蜂王浆。

周五晚回到家已经10点了，她不顾疲劳，赶紧去看望父亲，嘘寒问暖。

接过母亲端来的药，她一口口地给父亲喂药，父亲则让她赶紧去吃饭。

文秀在她研究生快毕业那年，带父亲去了北京，实现了父亲想去北京看看的愿望。此刻，看着生病的父亲，她觉得曾经的决定是对的，希望父亲赶快好起来再带他到处去看看。

周日是父亲节，她只想好好陪陪父亲，和父亲说说话，帮父亲煎药，力所能及地帮家里做些事情。周日上午，有个百坭村的村民给她打电话，说昨晚的洪水又冲毁了农田。电话打破了她内心的平静，她心想，可能是那条灌溉200多亩农田的水渠被山洪冲断了，必须尽快处理，恢复灌溉，否则村民无法耕作。

下午，文秀在忐忑不安中度过。她用手机查看天气预报，显示晚上还会有暴雨，她决定不吃晚饭了，马上赶回百坭村。

她急忙收拾东西要出门。

病床上的父亲理解她，但也非常担心："现在开车回村里不安全，明早再回吧？"

母亲也挽留女儿，侄儿更舍不得姑姑走。

是走还是留，一时也让文秀为难。面对亲人的挽留，文秀经过慎重考虑，还是决定返回工作岗位，于是只好跟家人说："正因为有暴雨更得赶回去，怕村里受灾，我还是得马上走了。"

文秀叮嘱父亲："老爸，按时吃药哦。"接着她转身对母亲说："处理完事情后，我下周末再回来！"说完她便出门去了。

谁也没想到，那句话竟成了文秀当面留给家里人的最后一句话。

谁也没想到，这个父亲节竟是文秀陪伴父亲的最后一个节日。

青春的生命融入百色大地

文秀独自一人冒着细雨冲出家门，开着自己的汽车走了。

一切跟往常一样，并没有太多的意外，她一路驾车直奔百坭村。

可雨越下越大。17日凌晨，文秀到达凌云县城附近时，遭遇山洪暴发。

是继续前进，还是退回去？

在车里，文秀致电村支书周昌战，询问村里受灾情况，商量解决办法。她很担心，因为百坭村土质比较疏松，一到雨季，容易发生塌方和滑坡。

风雨交加的雨夜，伸手不见五指，前方路况不明，大雨滂沱。把全部车灯打开都不管用了，借着闪电的强光，通完电话后的文秀下车查看路况，可是大雨马上淋湿了她。她想找人问问前方的情况，然而咆哮的暴风雨中看不到一个人。被雨淋湿的她，迅速躲

时代楷模黄文秀的故事

工作后被雨淋湿,却笑得一脸灿烂的黄文秀(左一)

回车里,她在微信群里连续发出一条条求助信息:

我被山洪困住了!
前面有一辆车消失了!
请为我祷告吧!

信息一条比一条紧急，一条比一条令人揪心……

此时是0点10分，人们大都进入了梦乡，看到信息的朋友，也无法探究现场的具体情况，只能发来安慰她的信息，劝她路上小心。

暴雨形成的巨大洪流，冲击着她的车子，似乎要把她连人带车掀翻。前不着村，后不着店，是前进还是后退？她必须立刻做出抉择！

凌晨0点12分，文秀在家族群里发了一段11秒的小视频。

视频里黑漆漆一片，只有车灯发出微弱的光，照出密集的雨点、频频摆动的雨刷和从山上倾泻下来的淹满整条公路的洪水。

4分钟后，文秀在微信群里对家人说："我遇到山洪了，两头都走不了，雨越来越大，请为我祷告吧。"没有人预料到，这成了她留在世上的最后一段话。

透过几道闪电的亮光，文秀看到手机定位显示，只要冲出这个拐角的山坳，前面就是县城了。进退两难之时，文秀总是不会退缩，她毫不犹豫地选择了前进！

然而，倾盆大雨形成的滔滔洪水，瞬间把她连人带车一同冲到悬崖边，接着又被急速的洪水冲到河里……

暴风雨继续猛烈地下着，仿佛一个巨大的黑洞，要吞噬掉地上所有的生灵，而这一切的发生，不到一秒钟！

在这个被暴风雨袭击的路段以外的人，在梦乡里安睡了。而关心文秀的亲朋好友发出信息后，没收到文秀的回复，以为她化险为夷回到住处休息了。

远在广西柳州的黄爱娟，当晚收到妹妹文秀的最后一条信息之后，连续给妹妹发信息却始终没有收到妹妹的回复，拨打妹妹的电话也没人接听。听不到妹妹的声音，这让她隐隐不安，彻夜难眠。她怎么也想不到，

时代楷模黄文秀的故事

第二天接到的电话是告知她文秀雨夜失联了,让她马上赶到百色,一起寻找文秀!

在广州工作的文秀的哥哥黄茂益,第二天也接到了同样的电话,他立即赶回百色。

闻讯而动的记者马上发出了第一条消息:担任第一书记的黄文秀在返回驻村的路上,于暴风雨之夜失联了!

这条令人揪心的信息,立即在当天一早的新闻和微信群里迅速传播,形成了巨大的新闻效应,牵动着许多人的心……

被洪水冲毁的路基

当地政府立即派人奔赴现场,展开搜索和救援……

2019年6月17日一大早,赶到现场的人们看到的是被洪水冲毁的路基、被洪水冲进河沟的毁坏的车辆,这个场景如此惨烈……

搜救希望渺茫!

焦急的人们和文秀的哥哥姐姐一起,急切地呼唤:"文秀,你在哪里?"

山谷回应:"文秀,你在哪里?"

暴雨无情!洪水无情!

最后找到文秀的时候已经是暴雨过后的第二天下午,搜救人员在河道里发现了她的遗体。

| 扶贫成绩与付出 |

此时的她,已经永远闭上了双眼!

赶到的亲人们哭喊着:"文秀,文秀!"

从乐业赶来的百坭村干部们哭喊着:"文秀书记,文秀书记!"

一声声撕心裂肺的呐喊,文秀再也听不到了!

这是苍天也要落泪的一天!

文秀的生命就这样定格在了30岁,她青春的生命融入百色大地,定格在了扶贫第一线上。

文秀走了,带着对父母的牵挂,带着对家乡人民的热爱和脱贫致富的期望,走了……

她从大山中来,是党的扶贫政策让她家通过易地搬迁摆脱了贫困。她向大山奔去,放弃在大城市工作的机会,把扶贫路当作"心中的长

2019年6月22日,黄文秀同志告别仪式在百色市殡仪馆举行

时代楷模黄文秀的故事

工作人员在黄文秀骨灰罐上覆盖党旗

征",将生命绽放在祖国最需要的地方。正如习近平总书记对黄文秀同志先进事迹作出的重要指示中所指出的,黄文秀同志"在脱贫攻坚第一线倾情投入、奉献自我,用美好青春诠释了共产党人的初心使命,谱写了新时代的青春之歌"。

黄文秀的名字,将永远镌刻在百坭村这个偏僻山村每个人的记忆深处,永远留在我们的心中。

文秀的家风

家人为你感到自豪、骄傲：

让你听党的话，以后为社会多做出贡献，

你做到了。

可他们遗憾的是，你再也不能为党为国家工作了……

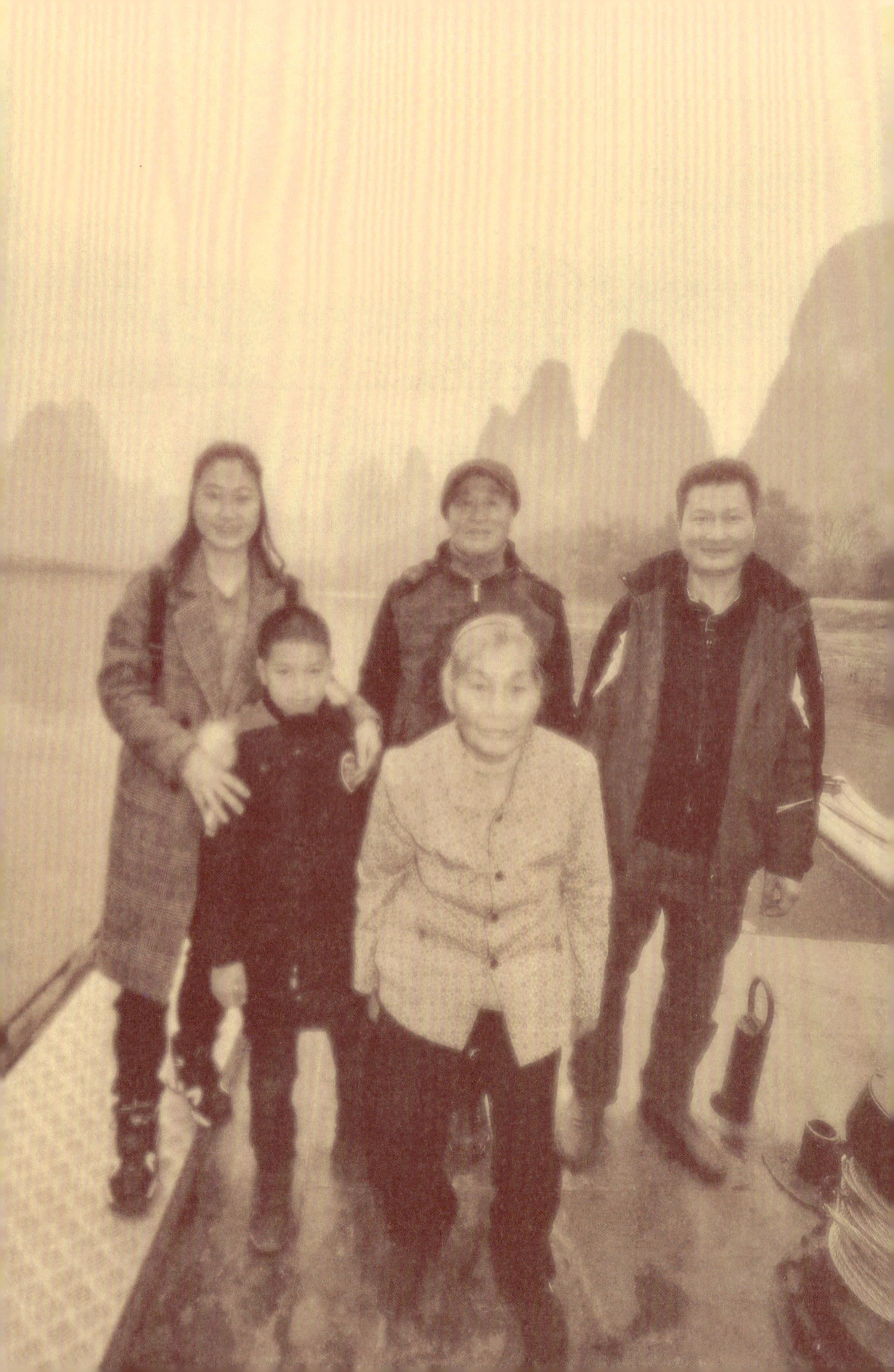

| 文秀的家风 |

坚强的父亲

他是一个普普通通的壮族农民，有一个普普通通的名字——黄忠杰。他说着一口地道的田阳县巴别乡的土壮话，他个子瘦高，身体还很结实、硬朗，一看就知道是长期在田间劳作的农民。我们怎么也不想到他已是年过七旬的老人，而且住院动过两次手术。

他又是一个不一般的壮族农民。

大家是通过电视新闻和网络报道知道他的，从他沉着的神态和所说的话，大家最大的感受就是：这个父亲真了不起！他是一个伟大的老人！

2019年恰好70岁的黄忠杰，怎么也想不到，他一个山里的老实农民，会受到这么多人关注和重视。

他第一次走进大众的视野，是文秀确认遇难后的当天下午。

2019年6月18日下午，经过指纹比对，确认黄文秀已经遇难后，上级指示文秀原所在的单位——百色市委宣传部，一定要尽快做好家属工作，并妥善安排后事。

据一位工作人员回忆，当时通知家属的最初方案是：考虑到文秀父母年老体弱——父亲身患癌症，手术后刚出院，母亲长期患有心脏病、脊椎病等，不便马上直接将噩耗告诉他们，决定只通知文秀的哥哥姐姐。

文秀遇难的消息，要不要马上直接告诉父母呢？这也成了当时困扰文秀的哥哥姐姐的难题。他们担心二老一时接受不了，打击太大，加重病情，那就不妥了。

后来考虑到文秀父亲在家里有收看《新闻联播》的习惯，政府工作人员斟酌再三，调整了方案，还是决定告诉老人真相，而且要及时，不能拖延。

最终，去通知文秀父母的工作落到了文秀的姑姑黄丽婷以及文秀的哥哥姐姐身上。为了以防万一，医院派出救护车在黄文秀老家附近待命。

接到通知时，正在百色殡仪馆处理文秀后事的黄丽婷以及文秀的哥哥姐姐马上赶回田阳。回家之前，他们约定了三个千万不能：千万不能哭出来，千万不能掉眼泪，千万不能露出悲伤的神情。主要是担心老人家一时接受不了，发生意外。

他们驱车回到老家后，停好车，抹干了眼泪，相互察看各自的神情，装作没事一样回了家。

一踏进家门，哥哥黄茂益、姐姐黄爱娟见到了日思夜想的父亲和母亲，他们坐在厅堂里休息，有说有笑的，父亲还在喝着中药。

三个亲人同时回来，让两位老人喜出望外，二老高兴地招呼他们落座。父亲黄忠杰笑眯眯地开玩笑说："呵呵，哥哥从广州回来，姐姐从柳州回来，小姑从田州回来，三个人从'三个州'回来，好啊好啊！"

三个人一时语塞，你看我，我看你，不知如何应答。文秀的母亲微笑着转身进厨房去，佝偻着背慢慢端出玉米粥来。

惊喜之余，黄忠杰继续问道："今天不是什么节日，也不是周末，你们怎么那么巧能一起回来呀？哎呀！这也太巧了，今晚我们杀鸡哦！"说着，就起身想去抓鸡。

黄茂益轻轻说了一句："老爸先不忙。"

这三个人从不同的"三个州"回来，如果是在平时，肯定被父亲之前的玩笑逗乐了。可刚刚知道文秀遇难的他们，心情悲伤到了极点，而进门前约定的"三个千万不能"，又让他们强忍着内心的悲痛，装出镇定的样子。

如果是演员，也许他们可以装着应付过去，但他们毕竟不是演员，连掩饰一下情绪的技巧也没有，毕竟刚从殡仪馆赶回来，毕竟刚看到从冰柜里拉出来、用白布盖着的文秀的遗体！他们一路哭着往家里赶，还没来得及喘一口气，这让他们三个人如何做到"三个千万不能"呢？这也太难了！

如果说暂时不哭、不掉泪，一下子还装得出来，但要一直保持没有悲伤的神情，文秀的哥哥姐姐做不到，就连见过世面的姑姑黄丽婷也做不到啊！

看到三个人还愣在那里，黄忠杰也许看出他们的神情有点异样，于是马上追问："你们回来，文秀知道了吗？"

一提到"文秀"，刹那间空气仿佛凝固了，三个人立马僵住了，原来设计的表情不管用了，文秀的姐姐和姑姑憋着的眼泪马上夺眶而出，她们转身别过脸去，不让黄忠杰看到。

黄忠杰看到黄茂益欲言又止的样子，说："到底有什么事？不要支支吾吾的。"黄忠杰接着说："有什么大不了的事哟，天塌下来，我个子比你们高，由我来顶住。你们痛快直说吧！"

黄茂益走过去，跪下来一把抱住父亲的双腿说："阿爸，文秀不在了！"

黄忠杰愣了愣，他一下子不明白这个"不在"是指什么，他说："是啊，她周五送药回来给我，周日晚刚去乐业，她是不在家。"

这时黄丽婷的电话响了，她跑到屋外接听后得知自治区领导带慰问组已进入田阳，马上就到文秀老家。她意识到瞒不过去了，她定了定神，走回厅堂，来到黄忠杰身边，轻声说："七哥（文秀父亲排行老七），文秀在开车回乐业的途中出事了！"

黄忠杰紧追着问："出事？文秀现在怎么了？"

黄丽婷强忍住悲痛，她知道此时自己必须镇定，以减少对老人的刺激，她擦了擦眼泪，答道："文秀在开车回乐业的途中遭遇突发的洪水，连人带车被洪水冲到河沟里……"

黄忠杰着急了："那她人呢？救上来没有？"

说到这里，黄丽婷感到黄忠杰是有承受能力的，就实话实说了："已经没法抢救了，派出的搜救队从前晚找到昨天，才打捞上来，现在送到殡仪馆了。她走了……"

"她走了……"黄忠杰重复着黄丽婷的话，他直直地看着黄丽婷，仿佛想从她脸上的表情辨别真假，希望一向老实的堂妹，这回说的不是真的，是跟他开玩笑的。

听到黄丽婷说文秀"走了"，文秀母亲手上盛有玉米粥的碗滑落，摔到地上发出刺耳的声音，更让人有揪心的刺痛感。黄爱娟过去扶住母亲坐下，母女俩抱头痛哭。

| 文秀的家风 |

黄丽婷透过泪眼，看到黄忠杰直愣愣地望着天花板，眼里满是泪水，听到他自言自语："前晚她不急着走，就好了……"

黄茂益安慰父亲："您不要伤心……"可他却控制不住痛哭起来。

厅堂里，顿时被悲伤笼罩着。黄丽婷想到政府工作人员的嘱咐，不能太刺激老人，要尽量做好安慰工作，她想开口说话却已泪流成行，安慰的话变成了哭声。

黄忠杰把目光从天花板收回，他强忍着泪水，听到大家都在哭，就劝大家："既然事情已经这样，就不要哭了，大家要坚强一点。"

本来是来安慰老人的，却被老人反过来安慰。黄丽婷听到堂兄的话后便止住了哭声，看着自己一贯敬佩的兄长，她心中暗道：他确实是从一个个苦难中熬出来的人，是一条硬汉！

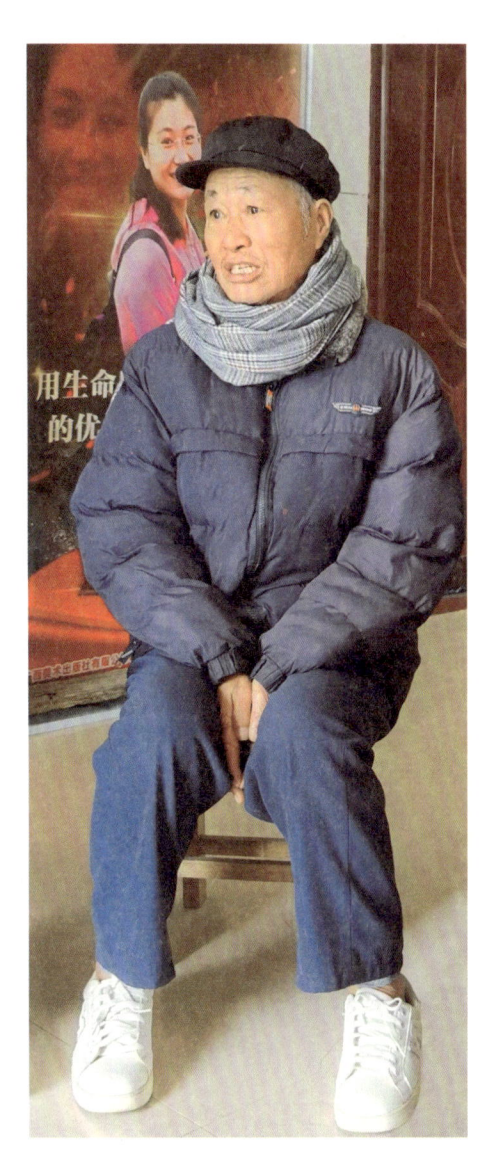

黄文秀的父亲黄忠杰

141

被婉拒的慰问金

2019年6月19日下午,自治区有关领导来到田阳县看望慰问黄文秀的家属,对黄文秀的不幸遇难表示沉痛哀悼,对黄文秀的家属表示亲切慰问。

在文秀家中,自治区领导与家属们一一握手,感谢文秀的父母为党和人民培养了一个好女儿,并再三叮嘱他们一定要节哀,一定要保重身体。"你们不要太难过了,大家也不愿看到你们这么悲伤。"自治区领导劝他们化悲痛为力量,保重好身体,照顾好家庭。

文秀的父亲讲述着文秀生平的点点滴滴,声音几度哽咽:"现在我们能住到县城要感谢党,要不然我们还住在巴别乡的贫困山村里,是党帮助我们老百姓过上了幸福生活。是党培养了文秀,她为党的工作而牺牲,我为有这样的女儿感到欣慰和骄傲。我对党和政府没有什么要求,就是出了这个事,给党委和政府添麻烦了……"

自治区领导静静地听着,他们被文秀父亲的通情达理和坚强所感动。在了解到文秀当年读书时得到了教育扶贫资助,为回报社会,研究生毕业后毅然选择回来建设家乡时,自治区领导说:"黄文秀以感恩之情开展工作,回报家乡,尽职尽责、无私奉献、不怕牺牲,这种精神值得宣传和发扬。"

自治区领导临走的时候,文秀的父亲把慰问金交还到领导手中,他说:"家里的困难我们会努力去克服,就不再给政府添麻烦了。这些钱拿

领导慰问黄文秀父母

回去，也许村里的扶贫工作还能用得上，把这些钱拿给那些更需要帮助的人吧。"

"文秀的父亲确实太坚强了！"这是我们在百色采访期间听到的关于文秀父亲最多的评价。

文秀的一位同事平时跟文秀在工作上对接比较密切，文秀的许多照片是她拍的，两人亲如姐妹，因此，单位领导安排这位同事全程协助文秀的家属处理文秀的后事。她说，她永远记得文秀父亲说的那些话：

她是一个很孝顺的女儿。那天晚上回单位之前她来喂我吃药。她反复交代我要吃药，但是她就这样一去不复返了，我就这样失去了一个好女儿。白发人送黑发人，我非常悲痛，晴天霹雳，但是眼泪流是流不完的。……是党培养了她，她为党的工作而牺牲。她为党的事业做出贡献，我为她感到自豪……

文秀父亲的这一番话，令人动容，让人不禁热泪盈眶，也让在场的所有人感到吃惊。一个普通农民听到自己心爱的女儿遇难后，虽然非常悲痛但却如此镇定。他所说的话既通情达理，又给人鼓舞。

文秀父亲正式进入全国人民的视野是在2019年七一建党纪念日当晚9点央视一套播出的《用生命坚守初心和使命的优秀青年共产党员——黄文秀》这期节目中，中宣部将授予黄文秀"时代楷模"的奖章和证书颁到黄忠杰和黄爱娟的手中。大家为文秀感动，也敬佩文秀的父亲。他在文秀遇难后说出的话语，感动了成千上万的党员干部：

我对她说:"你要听党的话,以后为社会多做出贡献。"

今天她做到了,我为她感到自豪,我为她感到骄傲。

我们现在最遗憾的是,她再也不能为党为国家工作了。

他在失去女儿时没有怨天尤人,更没有被突如其来的噩耗和困难压垮、击倒,他自己奋力挺了过来,同时也勉励亲人们要坚强起来。

这就是文秀的父亲,一个普通的壮族农民,一个具有高境界的父亲,一个大写的中国硬汉!

让我们记住他的名字——黄忠杰!

时代楷模黄文秀的故事

文秀的家庭

2019年6月28日,我来到乐业县新化镇,这个文秀曾经工作过的地方。

文秀在镇里的宿舍除了简单的衣物,房间里最多的还是书。因为没有专门的书柜,她的书摆满了床头床尾,其中包括习近平总书记的重要著作,可见这个研究生毕业的姑娘,平时是喜欢看书的。

在她住处的书桌上,我意外看到了文秀的书法和绘画作品,其中有一张立在书桌上的《我和我的父亲》的铅笔画吸引了我。

其实,这还只是一张草图,画面上是一个小女孩被父亲扛到肩上,骑在父亲肩头的小女孩显得很高兴,她的样子调皮、可爱。

这幅画深深印在我的脑海里,文秀这是在画她自己和父亲啊!在随后的采访中,我越来越感到文秀的父亲对她的影响,以及文秀在她父亲心中的地位是何等重要。

| 文秀的家风 |

文秀在她研究生毕业论文的"致谢"里，第一个感谢的人是她的父亲，第二个才是导师。难道只有小学文化的父亲，还能指导文秀写高难度的硕士论文？不是的。

文秀在"致谢"中有这样一段文字：

黄文秀的画作《我和我的父亲》

> 首先我必须要感谢的是我的父亲黄忠杰先生，他一直鼓励和支持我所做的任何决定，包括当时报考北师大，也是他促成了我这篇论文的主题。我的父亲尤喜唱山歌，参加乡里的比赛还拿过冠军。小时候，经常能听到父亲引用传扬歌中的句子来教育顽皮的我。他总喜欢说："我说的学校里没有吗？"这就是我做这个选题的原因。壮族的传统文化在一点点地遗失，这是一个很大的问题，值得今后进一步研究。

通过以上文字，我们清楚地看到，文秀感谢的不仅是父亲的养育之恩，而且感谢爱唱山歌的父亲用传扬歌中有价值的养分来滋养她，对她的学术研究有重要的帮助作用。

后来，我就"山歌"与"传扬歌"的问题与文秀的父亲核实过，他说的确是这样。在田阳巴别乡土生土长的黄忠杰，从小就会唱著名的

时代楷模黄文秀的故事

"巴别调山歌",出口成章,得过"山歌王"的美誉,他常用山歌来教育文秀。文秀从小遗传他的禀赋,受其影响,会用山歌里蕴含的道理来勉励或者约束自己。

这让我们明白了一个道理:家长是孩子最好的老师!父母对子女的正面影响,不仅对子女的成长、身心健康起到正面引导,而且能帮助孩子更好地完成学业。

这不是天方夜谭,更不是我们的臆想与推断,而是真实存在的,文秀就是现实的成功范例。

也许,这个就是文秀念念不忘父亲、敬佩并遵从父亲意见的内在原因。那么,文秀的父母是如何培育她的呢?或者说,文秀是在怎样的家庭中成长的呢?

黄文秀的父亲和母亲在漓江合影

| 文秀的家风 |

在这大半年的采访中，我多次和文秀家人探讨这个问题。文秀的父亲对我作了这样的讲述：

我叫黄忠杰，2019年正好70岁。我其实不姓黄的，原来是出生在李姓的家庭，后来过继给姓黄的亲戚，就改姓黄了。我家里人口多，一共有8个兄妹（五女三男），我排行老七。因为家里实在太穷了，家庭负担重，所以我初中没读完就回家干农活挣工分了。我爱唱山歌、爱打篮球，样样都很出色，但由于各方面的原因，后面参军、入党、招干等都没有沾边，连自己的婚姻都受到影响，28岁才结的婚。

我和你讲讲我们家庭的主要成员：

我爱人，也就是文秀的妈妈黄彩勤，比我小7岁，结婚后生养文秀他们兄妹三人。老大黄茂益，儿媳妇韦秋色是百色市那边嫁过来的，比我儿子小10岁；他们的儿子，也是我孙子，名叫黄柄伟，2019年恰好10岁。

我爱人在生文秀的姐姐黄爱娟时得了脑膜炎、肺结核，落下了严重的病根，后来生文秀时又大病一场，没有奶喂孩子。文秀

黄文秀与家人。前排是黄文秀的母亲黄彩勤，后排从左到右分别是黄文秀、黄文秀的侄子、黄文秀的父亲黄忠杰、黄文秀的哥哥黄茂益

吃不到一口奶水，可以说她是吃百家饭长大的，所以我经常教育文秀要懂得感恩，回报亲人，报答社会和国家。

我们家原来不是在这里（指现在居住的县城郊区），原来的老家是在田阳县巴别乡，是距离县城最远的德爱村多柳屯，那是田阳、德保、田东三县交界的偏僻山区。说起巴别乡，大家都懂得的，那是出了名的大石山区和石漠化地区，地处偏远，干旱缺水，我们所在的村屯属于极度贫困村。

我苦不要紧，但不能苦了孩子。为了三个孩子的读书与成长，我想另寻出路。但我是贫穷的山里人，我要去哪里寻找出路呢？

文秀出生那年，政府号召贫困村易地搬迁，搬到外面自然条件好的地方来生活。我从小就没有机会走出大山，外面的世界长什么样，还真不了解。也真巧了，住在县城附近的文秀的二舅（文秀妈妈的亲哥）发电报过来——当时没有电话，与外地联系，紧急的只有发电报，他问我借200元。当时电报就一行字，又没法问清楚为什么要借钱，80年代的200元是一笔大钱啊！我这么穷，文秀刚出生，她妈妈没有奶水，奶粉都买不起，我还想去借钱呢，哪有钱来借？看着电报，我和她妈妈发愁了，怎么办？

但我心里想，亲戚开口借钱肯定是有困难了，而且很着急，将心比心，我不能袖手旁观，或者一口回绝，我一定要帮！所以，我毫不犹豫，马上登门去求其他亲戚，并用我家养的牛来做担保，好不容易凑够了钱。钱是借来了，可怎么寄出去呢？同时又担心山高路远的，寄出去的钱文秀的二舅能不能收到？当晚我又发愁了。

文秀的妈妈建议我亲自跑一趟送出去。我想也对，第二天就搭班车，亲自护送这笔"巨款"到文秀的二舅家。

| 文秀的家风 |

黄文秀带着父亲游北京

  见到我亲自送钱出来,文秀的二舅乐坏了,说我是及时雨,解了他们家的燃眉之急,捧着200元如获至宝。

  这一趟跑出来既解了文秀二舅的燃眉之急,也给我长了见识。为什么这么说呢?因为这是我第一次走出大山,第一次到县城来。我都看得惊呆了,发现这里地势平坦、交通便利,用水用电都很方便,这是山沟

时代楷模黄文秀的故事

黄文秀与父亲在天安门前合影

| 文秀的家风 |

沟里没法比的,我更体会到了政府要我们大石山区群众易地搬迁的良苦用心了!于是我和文秀的二舅商量全家易地搬迁的事,得到了他们的赞成。这一趟,真是一举两得啊!后来,我就带领全家走出大山深处,在当地党委和政府的扶持下,在现在这个郊区开荒种田,还盖起了房子,在这里扎了根。

全家生活逐步得到了改善!你看看,没有党的关怀、没有政府的帮助,我们怎么会有今天的好日子?我们的孩子怎么会有书读?

所以,我就教育我的孩子,喝水不忘挖井人,幸福不忘党恩情!

黄文秀和父亲参观故宫博物院

黄忠杰对我说,他对文秀历来都是这么要求的,他还编成歌曲唱给她听,让她永远记在心里。

对于穷人家怎么教育孩子这个问题,文秀的父亲也谈了他的想法。

他说:"我也没有多少文化,也不知道什么穷养或者富养的,我就认准一个道理,家里再困难,也要让孩子们上学,接受良好的教育!"

周边的人家很多有重男轻女的观念,女孩很少能读书,而他们家两个女儿都上了学。因为家庭困难,黄忠杰作为家中顶梁柱,每日带着家

153

人种植甘蔗、芒果，养猪、养牛、养马。尽管家境清贫，但他一直相信勤劳能够致富，读书必能成才！

黄忠杰继续说道："文秀从小懂事，很少让我操心，她也很体贴长辈、孝敬父母。2015年国庆期间，她用她在北京读书期间勤工俭学攒下的钱安排我去北京，带我逛了北京。将近半个月的时间里，文秀每天都是6点起床，早早带着我吃早餐，带我去天安门、毛主席纪念堂、故宫、长城，还专门到了她上学的北师大，见到她的导师和同学，圆了我多年来要看看北京天安门、看看毛主席纪念堂的愿望。"

作为父亲，黄忠杰让文秀知道自己的家庭作为易地扶贫搬迁户的不容易，文秀从小目睹自己的父辈和乡亲们与贫困作斗争的情形，切身感受到农村贫困群众生产生活的艰辛，也切身体会到父母供养自己读书的不容易，感受到党和政府对自己培养的温暖，体会到社会爱心人士资助自己上大学、攻读研究生的无私大爱。她的整个成长经历都传承了革命老区的红色基因，骨子里流淌着老区人民对祖国对家乡最深沉的爱。

| 文秀的家风 |

姐姐的回忆

2019年8月31日中午，我来到田阳县文秀的老家，文秀的姐姐黄爱娟热情地接待了我。这是我第三次到文秀的老家，我一边喝着文秀父母早上熬好的玉米粥，一边听黄爱娟讲述他们的家事，下面是我的采访记录。

我是文秀的姐姐黄爱娟，今年37岁，比文秀大7岁，在田阳读完小学、初中、高中，后来考上柳州职业技术学院，学装潢设计专业，毕业后和先生在柳州创业，育有两个男孩。

父亲带我们全家从巴别大山里搬迁出来，除了要改善生活，更主要的还是考虑到要改变我们三兄妹的学习环境，让我们能在好的环境里读书，所以我们都很感激我们的父亲。

我们家附近的绢纺厂子弟学校，是当时县里最好的小学，由于我们是外来户，要多交1000元的借读费才能入校。但为了我们三

时代楷模黄文秀的故事

兄妹能受到良好的教育,父亲不吝啬这笔钱,毫不犹豫地去交了。事后我们才发现,父亲为此更辛苦了,再加上母亲经常生病,她患有先天性心脏病,双脚几乎瘫痪,行走不便要坐轮椅,靠常年吃药来控制病情,因此全家的重担就压在父亲身上,他不论什么苦的、脏的、累的活都抢着去干。

我们也很体谅父母,我和妹妹从小便帮家里挑水、做饭,妹妹放学后也抢着干家务活。有一次挑水走在回家的山坡上,妹妹滑倒滚落下坡,弄得一身的泥水。

后来父亲又开荒种植芒果。每到周末,我和文秀都到开荒的地里去帮父母干活,文秀还学会了使用矮马来送化肥等货物。我们两姐妹一起干农活,虽然很累,但很开心。

黄文秀(右)和姐姐黄爱娟(左)

最难忘的是我们家能吃上大米饭了!

现在想起来,记忆里奶奶煮出来的米饭真香啊!因为我们以前在巴别大山里,山里没有水田,只能种玉米,总是喝玉米粥,很少能吃到大米饭,吃上米饭是要等到过年才能实现的。现在搬出来了,这里都是种水稻,但我们家没有水田,只有开荒的地,要吃大米还得花钱去买。

稻子成熟时节,我们也放假了。我和文秀发现附近的水田收割后,总会有一些遗留的稻穗。黄昏时我与文秀就跟着妈妈和奶奶一起去别人家的稻田捡漏下的稻谷,拿回来后晒干、脱粒、去壳,弄成白花花的米粒,然后煮成米饭。哇!香喷喷的,全家人吃起来很开心!

从小到大,我们三兄妹的感情都很好。妹妹小的时候非常乖巧可爱,长着一双乌溜溜、水灵灵的大眼睛,聪明伶俐,文静秀气,就像她的名字"文秀"。父母希望她长大以后成为一个有文化、有修养的人。妹妹从小就勤奋学习,刻苦努力,她读小学、念初中、上高中,领回的奖状贴满了家里的墙壁。看到妹妹取得这样的成绩,我们一家人都为她感到高兴。

现在,妹妹离开我们两个多月了,每每想起她灿烂的笑容、爽朗的声音,我心里还是忍不住疼。

妹妹从小就很少让父母操心。无论是上高中,还是上大学,除了学费,妹妹很少问家里要零花钱,因为她深知家里经济困难。

2008年,妹妹考上长治学院读本科。爸爸本想亲自送她去学校,但一想到路费是一笔不小的开销,就没有去送她。从未出过远门的妹妹,一个人背着背包,拖着行李箱,几经周折去了山西求学。爸爸常说,没能亲自送妹妹去大学报到是他一大遗憾。

在妹妹读研究生期间,妈妈突然病倒了。妹妹在电话里哭着跟爸爸说:"要尽量给妈妈治病,借钱也要治。钱你们别管,我毕业参加工作挣

时代楷模黄文秀的故事

黄文秀和父亲黄忠杰（中）、姐姐黄爱娟（左）在一起

钱了，我来还。"

参加工作这三年，无论再苦再累，妹妹都没有忘记关心家人。特别是在教育孩子的问题上，她非常用心。她经常买课外书给侄子和外甥，还手把手教他们写作业和练毛笔字，悉心辅导他们学习，关心他们的成长。

妹妹那阳光灿烂的笑容，深深地感染和打动着每一个和她相处的人。妹妹也是一个很有想法、很有主见的人，认定的事情就一定会尽心尽力地做好。

2019年4月18日是妹妹30岁的生日，但我们却没能给妹妹筹办一个像样的生日会，因为就在这一天爸爸生病住院了，需要动手术。

妹妹的30岁生日，是在医院陪护爸爸中度过的。

真是苦了我的妹妹啊！当时我和哥哥都在外地工作，妹妹只好往市里的医院和百坭村两头跑。她既挂念爸爸的病情，又放不下村里的工作。

那段时间，她经常陪伴爸爸，带爸爸去理发，陪爸爸散步谈心，安慰和鼓励爸爸，悉心照料爸爸，甚至她在村里工作时，还不忘通过手机在网上给爸爸订餐。

妹妹深深地爱着我们这个家，总是希望这个家变得越来越好。她也深深地热爱着她的工作，再苦再累，她都是自己一个人扛着。2019年6月14日，妹妹因牵挂爸爸的病情，专门开车回田阳给爸爸送药，但她心里又惦记着村里的工作，6月16日父亲节那天还没来得及吃晚饭，嘱咐我们照顾好爸爸，叮嘱爸爸要按时吃药后，就匆匆忙忙地开车往百坭村赶。

没想到，这一走，竟是妹妹和家人永远的离别！

妹妹走了以后，党和政府以及社会各界给了妹妹很高的荣誉和评价，相识的或不相识的人都纷纷为她感到痛惜、为她祈福，也给了我们家无微不至的关怀和照顾，让我们在失去亲人的悲痛中，得到莫大的安慰。在这里，我代表全家人向各位领导、各位朋友和曾经帮助过妹妹的各界人士表示衷心的感谢！

我知道，妹妹对一切美好事物都充满着好奇、充满着热情，她总是希望这个世界变得更加美好，她是带着这个美好的心愿离开这个世界的。我和我的家人会把对妹妹的思念永远埋藏在心里，勇敢地走向未来。

黄爱娟最后说："妹妹生前一直有一个心愿，她说她要在我们家办一个幼儿园，培养孩子们的传统文化修养与艺术兴趣。我会努力帮妹妹完成这个心愿，教育好我们的下一代。"

良好的家风

文秀有个坚强的父亲，还有一个开朗的母亲。

采访中，说起刻有"女儿爱你"的银手镯，文秀的母亲回忆起来，又是一番感慨。2018年，文秀发现母亲双腿走路艰难，就给母亲买了一个小轮椅。2019年三八妇女节，文秀给母亲和嫂子各送了一只银手镯，分别刻上了字。

文秀的母亲一边说，一边用手抚摸手腕上的银手镯，仿佛是在抚摸自己小女儿的手……这位2019年已63岁的母亲，长年受到病痛折磨，加上刚刚痛失爱女，看起来比实际年龄还要苍老，佝偻着背坐在墙角，默默地盯着手镯看。

文秀的母亲从生下第二个孩子开始，就落下了严重的病根，那年她才26岁。7年后她又生下第三个孩子，也就是文秀，之后病

| 文秀的家风 |

黄文秀的父亲和母亲

时代楷模黄文秀的故事

情加重,连奶水都没有。她一边服药,一边照样出去干活、操持家务,与丈夫共同撑起这个家,同时也给两边的双亲养老送终,养育三个孩子长大成人。现在,她的背更加弯了,驼得厉害,走路都困难。

望着这位直不起腰杆、显得矮小的壮家妇女,你能看到中国女性特有的坚韧和顽强。

黄文秀(左)和母亲黄彩勤(右)

这就是文秀的母亲!

文秀母亲的脸上,多数时候都充满笑容,看不到太多愁苦的表情。当我们把目光转到墙上文秀的巨幅画像时,同样看到了这样温暖人心的笑容,大家都夸文秀是"爱笑的姑娘"。

文秀的嫂子韦秋色非常思念自己的小姑子,她们年龄相差一岁,彼此亲密无间。在嫂子眼里,文秀坚强独立,极有担当。文秀家里建房子时借款、贷款共10多万元,一下子成了贫困户。文秀读书时曾获得1万多元的奖学金,她都留在了家中;文秀毕业后,她从百色市给的5万元人才引进安置费中拿出3万元帮家里还了盖房子时欠下的债。文秀的哥哥之前外出打工,孩子由于无人辅导功课而成绩下降。文秀知道后,平时周末回到老家,一定会抽出时间辅导小侄子写作业,小侄子的学习因此有了进步。

常言道，父母是孩子的第一任老师。的确如此，受父母的影响，文秀坚强乐观，充满奉献担当精神，生怕因自己的事情麻烦组织、麻烦他人。她从来不提自己家里的困难，参加工作之前，她家曾是贫困户这件事，同事中没有一个人知道。直到他们去慰问文秀的家属时，才在她家门口看到挂有贫困户的牌子。文秀的父亲做了两次手术，第一次手术花费11万元，第二次手术花了7万元，文秀从不吭声，没有向组织开口提过要求。文秀的父亲第二次住院时，同事知道后说应该汇报部里，安排照顾、慰问，文秀坚决不同意。

文秀不幸遇难之后，很多单位、很多人给文秀家送来了慰问金、慰问品，但都被文秀的父亲拒绝了。他能理解女儿，女儿的操劳与付出，是为了让更多群众摆脱贫困，走上致富奔小康之路，这是她的职责，是她光荣的使命。

"自己的事情自己做，不能麻烦大家！"这就是父亲教给女儿的朴实话语，也是朴素的做人道理。

正因为有了这样的父亲，有了这样良好的家风，文秀才会一步步地勇敢向前冲，勇攀人生理想的高峰，才会有她19岁申请入党时发出的铿锵誓言："一个人要活得有意义，生存得有价值，就不能光为自己而活，要用自己的力量为国家、为民族、为社会做出贡献。"

这些品质是可以从她的家教，尤其是从她父亲的思想认识和言谈举止中找到源头的，她的父亲早就给她埋下一颗知恩图报的种子。在这方面文秀认真地传承家风，她在毕业之后义无反顾回到家乡百色，因为她要报恩：一是报父母养育之恩，二是报社会爱心人士资助自己完成学业之恩，三是报党的扶贫政策之恩。

采访结束，我握着文秀父亲的手，感到亲切和温暖。正是用这双粗糙的大手，这位平凡的父亲养育并托举出了一个英雄的女儿。

家风是一种无形的力量，在日常的生活中潜移默化地影响着孩子。可以说，有什么样的家风，就有什么样的孩子。所以有人说，良好的家风才是一个家庭最宝贵的财产。中华民族历来重视家风建设，优良家风成为中华文明的重要组成部分。习近平总书记强调，要大力加强对党忠诚教育，学习宣传先进典型，引导党员干部见贤思齐，把对党忠诚纳入家庭、家教、家风建设。

我不禁由此发出感慨，良好的家风既是砥砺品行的"磨刀石"，又是抵御各种负能量侵蚀的"防火墙"。重视家庭建设，注重家教、家风，做培育良好家风的表率，是党员干部的必修课，也是深入推进党风廉政建设和反腐败斗争的题中应有之义。

用良好家风涵养初心使命，恰是这个时代的要义啊！

无锡亲人的怀念

2019年8月25日上午，我顺利采访了文秀的资助人"风"的儿子吴先生，他来到百色看望文秀的父母和其他家属。

吴先生是一位年轻的90后老板，透着江浙商人的聪慧与儒雅，他年龄比文秀小，他一直称呼文秀为"文秀姐"。

文秀在百色不幸遇难，引来无锡亲人与她伤心泪别，揭开了无锡亲人与她的一段长达10年的暖心故事……

故事还得从文秀在山西长治学院就读本科说起。

以下是我和吴先生的问答。

问："吴先生，您家里资助过文秀，也与文秀一直保持联系。您当时是通过什么渠道知道文秀的事情的？"

答："那是2019年6月17号下午，我听到了这个消息。当时是文秀姐北师大的校友

时代楷模黄文秀的故事

先告诉了我家人,然后我爸跟我说的,我们都惊呆了,当时根本不相信,有这么巧吗?后来陆陆续续有新闻媒体的报道出来,我们才相信了。看到新闻报道里的文秀姐,我爸老泪纵横,我们一家人都没心情吃晚饭了。"

问:"你们当时是怎么和文秀结缘的呢?"

答:"那是10年前的事了。2010年初的时候,我爸

黄文秀(前排中)2013年7月参加"广西在京博士生返乡实践团"在贺州的调研活动

| 文秀的家风 |

2017年10月黄文秀（左二）回北京师范大学宣讲

在山西长治负责一个太阳能项目，一个偶然的机会，成了贫困大学生文秀姐的结对捐助人，这是一对一、不见面的那种帮扶关系。捐助从文秀姐读大二开始，一直持续到她硕士研究生毕业。本来只计划捐助到本科毕业，了解到文秀姐有继续努力深造以更好地报效社会的想法后，我爸非常感动，决定继续支持文秀姐。

时代楷模黄文秀的故事

2018年参加北京师范大学广西校友会时的黄文秀（左二）

"听我爸讲,他们一个月交流一次,有时候一两天发一次短信,他始终鼓励她树立正确的人生观和价值观。这么多年来,他一直是把她当作自己的女儿来看待的。

"我爸妈经常跟我提起她,说她学习很优秀,人品也很好,为她感到很自豪,要我向她学习。文秀姐是成才后立志回报社会,回到家乡建设家乡的热血青年。"

问:"你们家资助了文秀6年都没见过面,后来见面了吗?"

答:"后来见了,我清楚地记得是2016年7月3日,那天是我们唯一的一次见面。文秀姐从北师大研究生毕业后,立志回到家乡投身扶贫工作,那天她打算途中在南京下车来拜访我们,给我爸发了信息。我爸让我开车到南京接她到无锡,我就是这样见到她的。

"那天我们和她在饭店吃了饭,然后又开车送她到南京。当天接待文秀姐时,我爸还专门请来俞斌爱心工作室的俞斌老师和几位开展捐资助学的志愿者。我爸不想张扬,以后的对接捐助活动,想请俞斌老师他们延续来做,因为我爸也是俞斌爱心工作室的成员之一。"

问:"您还记得当天和文秀见面吃饭的一些往事吗?"

答:"记得的,文秀姐给我们留下了难忘的印象。席间,文秀姐的感恩之情溢于言表,为了感谢6年来我爸对她物质上的资助和精神上的鼓励,以及生活上的指点,她当着全桌人的面,拿出了一把自己精心题写的折扇送给我爸。折扇正面写着:

管子曰,善人者,人亦善。

时代楷模黄文秀的故事

2018年，黄文秀（左一）和北京师范大学的校友们

"上面刻意把一个'善'字写得很大，占据了很大一部分扇面。折扇的另一面是她用毛笔抄录的名为《别诗》的古诗：

朝云浮四海，日暮归故山。
行役怀旧土，悲思不能言。
悠悠涉千里，未知何时旋。

"文秀姐是文科高才生，她精选的诗词是她反复斟酌的，一字一句都能反映出她当时的心境与情怀。我很敬佩她，但却有点纳闷，她为什么要用这首《别诗》来赠送给她的恩人呢？她解释说，这首诗的作者应场是东汉汝南南顿（今河南项城市南顿镇）人，是东汉末文学

| 文秀的家风 |

黄文秀赠送给恩人的一把折扇，正反两面有她精心题写的墨迹

家，建安七子之一。这首诗，是诗人对人生的感叹。感叹自己飘零的身世，流露出诗人对美好人生的无限眷恋和对家乡故土的真切思念。同时，诗中萦绕着一种感叹人生如长河流水飘逝不返的忧伤，表达了诗人长久游历在外，临终欲归不能，无法'落叶归根'，无法'归骨故乡'的惆怅心情。

"后来得知，为了准备这把扇子，文秀姐一遍遍练习了很久的毛笔字。当时，文秀姐一再表达了她要回广西建设家乡的决心。大家对这个广西姑娘的坚定信念钦佩不已。

"时至今日，我爸才悟出他的这'半个女儿'在扇子上题写这首诗表达的是立志建设家乡，不获全胜，绝不收兵的决心。

"那天吃了饭后，我开车送文秀姐去车站，她就返回广西了。这就是第一次见面的情况，也是我们唯一一次的短暂相聚。不想这一别竟成永别，我们怎能不伤心?！我爸经常看着手中的折扇，望着扇面上那清新秀丽、刚柔相济的墨迹，不止一次哽咽和叹息。文秀姐的离去，成为我们家人心中永远的痛。"

在田阳县那满镇挂职期间，文秀走村访户，给俞斌老师推荐了3名品学兼优的学子作为助学对象，并用微信把相关资料推送给了俞斌老师。但没有那3个孩子的照片，也没有村里的盖章证明，资助的事情便一直没办成，后来因为文秀要去百坭村担任第一书记，此事被耽搁了下来。为了弥补文秀留下的遗憾，俞斌老师前往百色，在文秀的姐姐黄爱娟的帮助下找到了那3名贫困学生。俞斌老师表示，回到无锡后他们会发动更多的爱心人士加入到完成文秀遗愿的工作中来，助力贫困学子健康成长。

俞斌老师回到无锡之后，跟"风"说了这次广西之行，又激起了"风"对文秀的思念之情，他决定南下广西。

| 文秀的家风 |

"叔叔,你什么时候来广西?我等你!""风"一直记得文秀的这个邀请,也答应过文秀一定会去百色看她。2019年8月下旬,一直计划着去送文秀一程的"风"终于兑现了他与文秀的这个约定,只可惜此时文秀已不在人世。

帮助文秀完成夙愿、为百坭村脱贫尽绵薄之力,这是"风"此行的一个重要目的。在前往乐业县的弯弯曲曲的道路上,无锡来的亲人切身体会到了文秀在扶贫路上的艰辛与不易。到了文秀遇难的地点,他们在路边摆上三束鲜花,行三鞠躬礼,表达对这位勇敢坚强的姑娘的哀思和敬意。

"文秀姐未竟的事业,我们会接着做的!"3年前的那次见面,让"风"的儿子与纯朴的文秀结下了深厚情谊。文秀之前牵挂的3名贫困学生以及更多需要帮扶的孩子,有无锡亲人的结对帮扶,相信他们会越来越好。老区脱贫攻坚的任务在无锡亲人这里得到接续助力。2020年春节期间,无锡亲人帮助百坭村推销了10多万斤滞销的砂糖橘,为文秀生前所在的这个村的脱贫攻坚事业增添了一份力量。

文秀,我们来了!

你走的时候匆匆,

生命定格在30岁,

留下最美的韶华。

你的精神在百色大地生根发芽、开花结果,

激励着越来越多的人在脱贫攻坚的战场上砥砺前行。

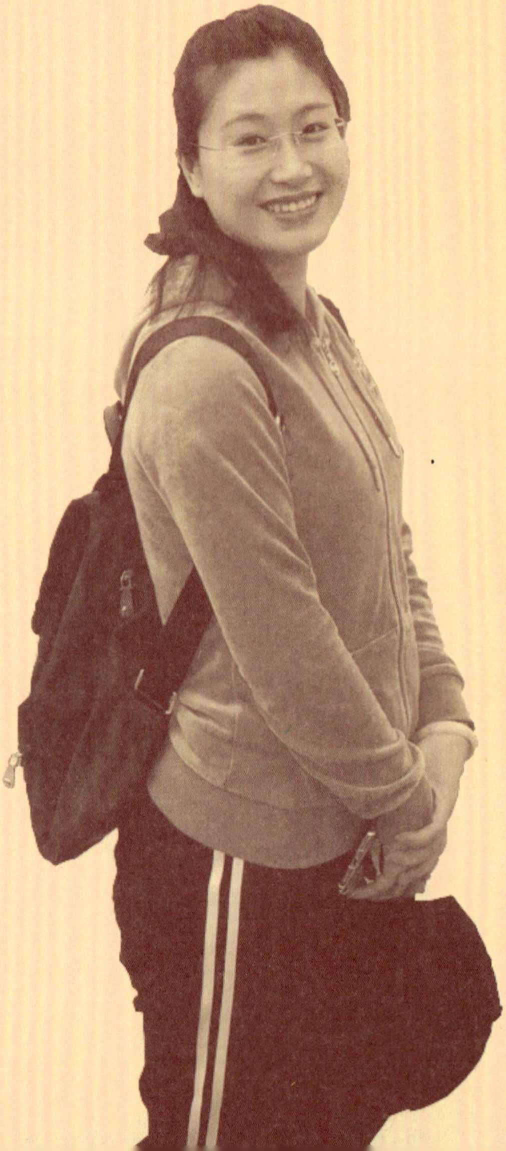

| 文秀，我们来了！|

品尝文秀种下的果实

2020年元旦前夕，我和百坭村第一书记的接任者杨杰兴取得了联系。文秀不幸遇难后，上级部门选派农村基层工作经验较丰富的杨杰兴接过文秀扶贫工作的接力棒，杨杰兴于2019年7月初到百坭村接任第一书记。上级部门还为百坭村驻村工作队配备了精兵强将：张德富，曾有连续两年驻在百坭村的经历，驻村工作经验丰富；黄应战，会说壮话，与群众沟通顺畅；谭天社，29岁的90后青年，是驻村工作队的"新鲜血液"。

当我们询问杨杰兴百坭村发展的近况时，杨杰兴说他正在百坭村和乡亲们一同采摘文秀当年带领大家种下的砂糖橘，他兴奋地告诉我："我们村今年的砂糖橘大丰收了！"

后来，我收到了他们寄来的砂糖橘，他们留言叮嘱："一定要尝一口文秀种下的果实！"我与同事和朋友们分享了文秀种下的胜

时代楷模黄文秀的故事

黄文秀与贫困户一起采摘砂糖橘

利果实，尝到新鲜香甜的砂糖橘，我心里涌起了无限感慨，更想念为乡亲们献出青春与生命的文秀……

地处大山深处的百坭村是自治区级深度贫困村，文秀在这里担任驻村第一书记，扶贫产业发展、基础设施建设、贫困户的脱贫，这些都是她非常牵挂的事。尽快让百坭村脱贫奔小康，是她的责任所在，更是她的初心和使命！

她的努力没有白费，她的付出换来了百坭村的产业丰收和各方面改善。

"全村2000多亩砂糖橘果树，预计年产砂糖橘200多万斤。"自2019年11月百坭村砂糖橘上市以来，"接棒"的第一书记杨杰兴就电话不断，很多都是和砂糖橘的销售有关。在时下流行的直播平台上，百坭村的砂糖橘同样很抢手。着眼产业发展，当地干部尝试起直播"带货"。参与直播的乐业县领导说，这种新的形式对地方发展产业很有启发，"2个小时就卖了2471单，接近1.6万斤"。

"目前，村里的砂糖橘已销售了三分之二，油茶和规模养殖的清水鸭也大卖，全村产业实现大丰收。"即将迎来2020年春节，杨杰兴盘点着全村的产业账单。他手机上传来的信息显示，仅2019年10月成立的百坭村扶贫电商平台，销售收入就突破了20万元。

时间跨入2020年，新年伊始，百色传出好消息：乐业人民渴盼的乐业至百色的高速公路通车了！

经过4年1440多个日夜的连续奋战，施工队风雨无阻，劈大山、打隧道、架高桥、填土方，乐业至百色的高速公路终于全线贯通，串联起百色、凌云、乐业。这条高速公路建成通车后，乐业县到百色市的行车时间由4小时缩短为1.5小时，标志着国家扶贫工作重点县乐业县、凌云县不通高速公路的历史结束了，这极大地改善了沿线的交通条件。

在上级的关怀和各个部门的通力协作下，文秀生前最牵挂的村屯行路难题终于解决了！通车当天，百坭村村民抑制不住内心的喜悦，奔走相告！当年崎岖蜿蜒的山路，如今变成了可以通汽车的水泥大路，再也不会阻碍大山深处的百姓发展产业、脱贫致富。

如今，从百坭穿村而过的二级路也开通了，这条路将直接连上百色至乐业的高速公路，从百坭村到百色市的时间将比原来缩短一半，百坭村从此告别千百年来闭塞的状况，成为四通八达公路网中的一环。

村干部们说："现在，我们的公路修通了，文秀书记可以放心了！"

百坭村脱贫一线的干部与村民们表示，他们将不忘初心、牢记使命，在坚决打赢脱贫攻坚战的道路上奋勇前行。

2020年元旦当晚，中央广播电视总台播出的《新闻联播》里，接任百坭村第一书记的杨杰兴对央视记者说："听了习近平总书记的新年贺词，特别提到了文秀，我接过她的接力棒，将努力工作，踏踏实实为乡亲们办事，在脱贫攻坚一线继续加油干，用我们的辛勤汗水，让乡亲们的日子越过越红火。"

如今走进百坭村，感受到的不仅是村貌的变化，还有蓬勃的朝气和新的生机。目前，百坭村正火热开展"党旗领航·电商扶贫"和线下大卖场活动，通过打造"秀起福地"品牌文化、"秀起福地百坭村"电商平台，以"党支部+合作社+企业+农户"的运营模式，开发"秀"品牌系列产品，建立品牌标准化体系，引进专业公司进行市场化运营，推动百坭村农业产业结构调整，开辟农民增收致富新路径。

文秀的生命定格在30岁，却绽放出壮美的芳华，她的精神在百色大地上生根发芽、开花结果，激励广大党员干部群众不忘初心、牢记使命，勇于担当、甘于奉献，在新时代的长征路上砥砺前行。

| 文秀，我们来了！|

代她走完扶贫"长征路"

再次到访百坭村，我从村民的话语中感受到村民们对文秀的满心怀念，也感受到村民们打赢脱贫攻坚战的干劲和信心。我看到了文秀精神在他们身上传承着，续写脱贫的新篇章。杨杰兴说："我们一定要传承发扬好文秀的精神，完成她未竟的事业，全力推动百坭村如期实现高质量脱贫，代她走完扶贫'长征路'。这是对文秀书记最好的纪念和告慰。"

杨杰兴接着介绍道："百坭村是2019年的预脱贫村，2019年12月，百坭村的贫困发生率降至1.79%；2020年3月，根据自治区的文件批复，核定百坭村2019年脱贫摘帽。"新的一年，乐业县要如期打赢脱贫攻坚战，杨杰兴等基层干部不敢放松，但也充满信心："我们百坭人决不后退，脱贫更不让一个人落下！"

时代楷模黄文秀的故事

接任百坭村第一书记的杨杰兴（左）在工作中

习近平总书记指出："打赢脱贫攻坚战，中华民族千百年来存在的绝对贫困问题，将在我们这一代人的手里历史性地得到解决。"

鲁迅先生曾说："我们自古以来，就有埋头苦干的人，有拼命硬干的人，有为民请命的人，有舍身求法的人……这就是中国的脊梁。"

文秀正是这样的中国脊梁，她扎根泥土，将青春热血洒在生长的故乡。在这场伟大的脱贫攻坚战中，她虽然走了，但她却永远活在人们心中。她芳华虽短，但闪亮地绽放过，馨香永存，精神长留，让我们代她走完这段艰难的扶贫"长征路"。

面对深度贫困地区的脱贫攻坚任务，百坭村和全国各地、各部门和社会各界一样，都在集中力量攻坚克难，奋战在脱贫一线的广大党员干部对脱贫工作难度大

| 文秀，我们来了！|

"永远的初心·黄文秀——八桂楷模发布仪式"现场10名第一书记优秀代表宣誓

的县和村进行挂牌督战,已经脱贫和即将脱贫的群众正以只争朝夕的精神面貌改变着自身命运。在这场人类历史上前所未有的反贫困斗争中,令世界惊叹的,不仅是精准施策、到户到人的扶贫措施,更是小康路上"一个都不能掉队"的上下同心。

来到百坭村,我耳边仿佛又听到了文秀生前那句铿锵的话语:"脱贫攻坚,不获全胜,决不收兵!"

青春的誓言,从这个乐观开朗、坚定自信的姑娘口中庄严地说出来,至今还在百色革命老区的红土地上回荡……

在以黄文秀等为代表的数百万扶贫干部倾力奉献、苦干实干下,2020年,我国脱贫攻坚取得了全面胜利。

一个文秀走了,千千万万个"文秀式"的党员干部来了!他们万众一心加油干,越是艰险越向前,为实现中华民族第二个百年奋斗目标而不懈努力,贡献青春的智慧和力量。

我们不负韶华、不负时代,携手努力,继续砥砺前行!

| 文秀,我们来了! |

蝶之梦——唱给文秀的歌

1

你就这么悄悄地走了……

一只美丽的大蝴蝶,翩翩飞来,在村委办公楼徘徊,最后停落在村委门口的牌匾上,久久不肯离去……

是你吗,我的朋友?

2

对于养育你的一切,你眷恋如故,感恩有加。你用整个生命热爱春天、反哺春天,心怀感恩地忙碌着,为春天编织美丽。

你的忙碌是默默的、悄悄的,没有蜜蜂的嗡鸣,没有秋蝉的喧嚣,没有百灵鸟的嘹亮——你扇动着美丽的翅膀,在花丛中无声地忙碌着。

3

没有彷徨困惑，没有畏怯退缩，没有迷失方向，你就这样飞呀飞呀，坚定地向前飞去，只因前方有你芬芳的梦想！

只要有一丝芬芳，你都会奋不顾身地向前追寻，再累也情愿，再苦心也甜，一直到生命的尽头……

4

假如没有那场突如其来的山洪，假如没有那个雷电交加的黑夜，假如没有那场滂沱的大雨……

然而没有假如，你还是飞到了生命的尽头……

在那个风雨交加的夜晚，你走了，像一朵鲜花随风飘逝；在自己熟悉的家乡，你走了，像一滴水回归大海；在脱贫攻坚的一线，你走了，像一名勇敢的战士般义无反顾……

5

所以，你生命的尽头是什么？

是天空？是大地？

是精魂！

是舍弃利益的纯净，是返璞归真的美！

因为美，你成为一种永恒。

我的朋友，你的生命不会有尽头！追梦的人生，才有永恒的美丽和魅力。

6

谁说你的生命轻于鸿毛?

你的执着,你的努力,你的付出,重于泰山!

留给世人的,是你辛劳的成果和不朽的精神!

你的生命虽然短暂,但毕竟真实地活过一回,勇敢地活过一回,闪亮地活过一回。

你的青春虽然转瞬即逝,却带给我们长久的震撼和永恒的感动。

7

30岁,人生最美好的时光才刚刚开始,而你鲜活的生命,却永远定格在了扶贫路上。

以生命奉献于国家,国家不会忘记你,人民不会忘记你,历史不会忘记你!

现在,我们要把心中的歌,唱给你听——

你是那只美丽的蝴蝶,

告别城里的月亮,

飞到山村的小屋旁。

和山花一起绽放,

和百鸟同声歌唱。

舞动金色的翅膀,

微笑着快乐地飞翔……

时代楷模黄文秀的故事

有梦和追梦的人生，才有永恒的美丽和魅力

你是那只勇敢的蝴蝶，

穿越高高的山岗，

和风雨搏击，

和生命共芬芳，

走过的路不论长短，

青春日记里没有悲伤。

你是那只勇敢的蝴蝶，

用生命的芳华，

去践行初心与诺言，

用尽一生的热血，

去追求心中梦想……

8

你化作了那只美丽的蝴蝶，翩翩飞舞着……你将爱心的种子，撒播到人间的每一个角落！

初心无悔，誓言无声，你将最美的年华，献给大地，献给了你深深爱着的故乡和亲人……

而如今，梦想的原野上又飞来一群美丽的蝴蝶，你的伙伴们也像你一样，勇敢地飞呀，飞呀，循着你的足迹，寻找胜利的芬芳……

后 记

英雄是民族最闪亮的坐标

传承英雄精神,是激励我们实现民族复兴的磅礴力量。

习近平总书记指出:"祖国是人民最坚实的依靠,英雄是民族最闪亮的坐标。歌唱祖国、礼赞英雄从来都是文艺创作的永恒主题,也是最动人的篇章……对中华民族的英雄,要心怀崇敬,浓墨重彩记录英雄、塑造英雄,让英雄在文艺作品中得到传扬,引导人民树立正确的历史观、民族观、国家观、文化观,绝不做亵渎祖先、亵渎经典、亵渎英雄的事情。"

2016年11月30日,我作为全国文代会的广西代表,在北京人民大会堂现场聆听了习总书记在中国文联十大、中国作协九大开幕式上的讲话。习近平总书记对文艺工作者提出"四个有"和"四个希望"。"四个有"是:胸中有大义,心里有人民,肩头有责任,笔下有乾坤。"四个希望"是:第一,希望大家坚定文化自信,用文艺振奋民族精神。第二,希望大家坚持服务人民,用积极的文艺歌颂人民。第三,希望大家勇于创新创造,用精湛的艺术推动文化创新发展。第四,希望大家坚守艺术理想,用高尚的文艺引领社会风尚。

伟大时代孕育伟大精神,伟大精神需要大力宣传与弘扬。站在新时代的价值高点上，宣传、弘扬黄文秀的精神，对于我们更好地坚守和践行忠诚、为民、担当、奉献的初心使命，具有重要的时代意义和实践价值。

这，就是我努力采访、潜心创作黄文秀故事的内在动力和初衷。

要写出有温度和力量的文字

采访人物，通常是从与主人公面对面开始的。然而我要面对和去追寻的这个女孩，她已经不在了。那么，我的所有追问，只能另辟蹊径了。于是，我就用上当年在法院工作办案时最原始的办法，逐一去实地探访、寻问。

这期间，因为平时要上班，几乎没有外出的时间和机会，所以我只能把所有的节假日、双休日用上，不断地穿梭于南宁、百色、田阳、乐业、百坭之间，从各个渠道挖掘线索，一遍遍地查访，从文秀的小学、初中、高中的同学和老师，一直到她大学本科、研究生的同学和老师，从与她一起工作过的领导、同事，到村干、村民，尤其是她帮扶的贫困户，先后采访了上百人，记满了12本笔记，同时也积累了一批录音、录像、照片等。疫情时期不便外出，我就通过电话、微信、视频等来采访。

当我第一次听到文秀的故事时，我脑海里就闪出这样的问题：如果是我遇到那种天气，会做出何种选择？假如哪一天我突然不在了，我能给这个世界留下什么？

30岁，有的人正站在人生十字路口，徘徊、犹豫；有的人走到了人生转角，不知是回头，还是继续，对前途感到迷茫；有的人撞了南墙仍然不愿意回头……

但文秀的30岁，却献身于扶贫事业中——

文秀善良、朴实、执着、勇敢，是贫困群众打心眼里喜欢的"学生女娃娃"，是父母贴心的小棉袄，是同学、朋友眼中懂事的大女孩，是同事眼中勇于挑担担责的年轻干部。

勇于担当，冲锋了就不能撤退。文秀曾对朋友说："长征中，战士死都不怕，在扶贫路上，这点困难怎么能限制我前行？""作为驻村第一书记，不获全胜，绝不收兵！"一年时间，百坭村的贫困发生率由22.88%降至2.71%，实现了贫困户户户有致富门路，村集体经济项目收入翻倍。

这些成绩，是她不畏艰辛的付出和深沉的爱的硕果，更是她积极作为、敢于负责、勇于担当的硕果。面对失败和困难时，她掉过眼泪，但没有放弃，在她的人生词典里没有撤退、没有后悔。

从文秀的身上，我们体会到，做成一件好事、践行一次信念并不难，难的是一直坚持下去，时时行，处处为。不断增强理想信念的引领，巩固社会主义核心价值观的根基，恪守道德准则的规范，校正逐梦前行的航向，定能不断锤炼品格、增进修养、提升境界，实现更加高远的人生追求。

榜样的力量是无穷的，文秀的精神，为扶贫事业道路上的后来者照亮了前进的方向。广大党员干部，尤其是青少年，可从她的事迹中看到对理想与信念的绝对忠诚，看到对初心和使命的不懈坚守，看到青春激扬的力量。

在我的精心创作下，2020年5月，国内第一本关于黄文秀的报告文学作品《新时代的青春之歌——黄文秀》出版。此书出版后，举办了近30场读书分享会、研讨会等活动，宣传推广活动的相关报道及书讯、书评在学习强国平台、人民网、光明日报、学习时报、中国新闻出版广电报等各大媒体上刊登，引起广泛影响。此书还入选全国农家书屋目录等。2020年

11月，为更好地学习和传承黄文秀的崇高精神，人民出版社与广西人民出版社达成合作意向：联合出版一部面向广大党员干部，特别是广大青年读者的讲述黄文秀故事的通俗读本。两家出版社与我基本敲定书稿的提纲、体例、架构后，我随即着手该书的写作。以《新时代的青春之歌——黄文秀》为基础，我继续深入百坭村等地采访，用典型故事，并配以大量黄文秀生前工作、生活的照片，创作了《时代楷模黄文秀的故事》。

感谢为这本书提供帮助的文秀的家人、同事、同学、老师和新闻媒体等各界人士，感谢各级领导和人民出版社、广西人民出版社领导、编辑的鼎力支持，有了大家的帮助，才能使这部书稿得以顺利出版，在此我深表谢意！

同时祈愿我笔下的文秀，能给广大的读者朋友们带来美好与吉祥——

心中有阳光，就会驱除一切的阴影；

脚下有力量，就能踏平所有的坎坷！